EL LIBRO DE COCINA DE GALLETAS PERFECTO PARA PRINCIPIANTES

100 recetas para dominar el arte de la repostería y crear maravillosos postres para amigos y familiares

HONORATA GODINES

Todos los derechos reservados.

Descargo de responsabilidad

La información contenida en este libro electrónico está destinada a servir como una colección completa de estrategias sobre las que el autor de este libro electrónico ha investigado. Los resúmenes, estrategias, consejos y trucos son solo recomendaciones del autor, y leer este libro electrónico no garantiza que los resultados de uno reflejen exactamente los resultados del autor. El autor del eBook ha realizado todos los esfuerzos razonables para proporcionar información actualizada y precisa a los lectores del eBook. El autor y sus asociados no se hacen responsables de cualquier error u omisión no intencional que pueda encontrarse. El material del eBook puede incluir información de terceros. Los materiales de terceros comprenden opiniones expresadas por sus propietarios. Como tal, el autor del libro electrónico no asume responsabilidad alguna por ningún material u opiniones de terceros.

El libro electrónico tiene derechos de autor © 2022 con todos los derechos reservados. Es ilegal redistribuir, copiar o crear trabajos derivados de este libro electrónico en su totalidad o en parte. Ninguna parte de este informe puede ser reproducida o retransmitida de ninguna forma sin el permiso escrito, expreso y firmado del autor.

TABLA DE CONTENIDO

TABLA DE CONTENIDO 3
INTRODUCCIÓN 7
GALLETAS DE CORTE 8
   1. GALLETAS DE MANTEQUILLA DE ALMENDRAS 9
   2. GALLETAS DE MANTEQUILLA DE AZÚCAR MORENO 11
   3. GALLETAS DE MANTEQUILLA DE NUEZ DE MACADAMIA BAÑADAS EN CHOCOLATE 14
   4. GALLETAS DE MANTEQUILLA CON FRUTAS 17
   5. GALLETAS DE MANTEQUILLA DE LAVANDA 20
   6. GALLETAS DE MANTEQUILLA DE MOCA 23
   7. GALLETAS DE MANTEQUILLA DE MANÍ 26
   8. GALLETAS DE MANTEQUILLA ESPECIADAS 29
   9. GALLETAS DE MANTEQUILLA DE NUEZ 31
   10. GALLETAS DE MANTEQUILLA DE AVELLANA DE OREGÓN 34

GALLETAS DE CHOCOLATE 36
   11. GALLETAS DE PRETZEL Y CARAMELO 37
   12. GALLETA BUCKEYE DE CÁÑAMO 39
   13. PASTEL DE MEZCLA DE GALLETAS 41
   14. GALLETAS CRUJIENTES DEL DIABLO 43
   15. GALLETAS DE PACANAS 45
   16. BROWNIES DE CREMA BATIDA 47
   17. MEZCLA PARA PASTEL SANDWICH GALLETAS 49
   18. GALLETAS DE GRANOLA Y CHOCOLATE 51
   20. GALLETAS ALEMANAS 53
   21. GALLETAS DE ANÍS 55
   22. DULCES GALLETAS VERDES 58
   23. GALLETITAS DE PEDAZOS DE CHOCOLATE 60

BISCOTI 63

24. BROWNIE BISCOTTI 64
25. BISCOTTI DE ALMENDRAS 67
26. GALLETAS DE ANÍS 70
27. BISCOTTI DE LIMÓN Y ANÍS 73
28. GALLETAS DE CEREZA 76
29. BISCOTTI DE AVELLANAS Y ALBARICOQUES 79
30. BISCOTTI DE LIMÓN Y ROMERO 82

GALLETAS DE AZÚCAR 85

31. GALLETAS DE AZÚCAR DE ALMENDRAS 86
32. GALLETAS DE AZÚCAR 89
33. GALLETAS DE AZÚCAR CON GLASEADO DE CREMA DE MANTEQUILLA .. 91
34. GALLETAS DE AZÚCAR BRICKLE DE ALMENDRAS 94
35. GALLETAS DE AZÚCAR AMISH 96
36. GALLETAS DE AZÚCAR DE MANTECA DE CERDO BÁSICAS 99
37. GALLETAS DE CANELA Y AZÚCAR 101
38. GALLETAS DE AZÚCAR AGRIETADAS 103
39. GALLETAS DE AZÚCAR DE NUEZ 105
40. GALLETAS DE AZÚCAR CON ESPECIAS 107
41. GALLETAS DE AZÚCAR DE PISTACHO 109

GALLETAS DE QUESO 111

42. GALLETAS DE APERITIVO DE QUESO 112
43. GALLETAS CON CHISPAS DE CHOCOLATE 114
44. GALLETAS DE QUESO CREMA DE ALBARICOQUE 116
45. GALLETAS DE MANTEQUILLA DE MANÍ CON QUESO 119
46. GALLETAS DE REQUESÓN 121
47. GALLETAS DE AVENA CON REQUESÓN 123
48. GALLETAS DE QUESO CREMA Y MERMELADA 125
49. GALLETAS RECORTADAS DE QUESO CREMA 127
50. GALLETA GIGANTE DE MANTEQUILLA DE MANÍ CON QUESO CREMA. 129
51. GALLETAS DE QUESO MEXICANO 131
52. GALLETAS DE NARANJA Y QUESO CREMA 133
53. GALLETAS DE MANZANA CON QUESO Y HIERBAS 135

54.	GALLETAS DE QUESO RICOTA	137
55.	GALLETAS MASTICABLES DE CHOCOLATE Y QUESO CREMA	139

GALLETAS DE JENGIBRE 141

56.	GALLETAS DE JENGIBRE DE LA ABUELA	142
57.	CHICOS DE PAN DE JENGIBRE	144
58.	BOLAS DE CHOCOLATE CON RON	147
59.	GALLETAS DE MELAZA DE JENGIBRE	149
60.	GALLETAS NAVIDEÑAS MASTICABLES DE JENGIBRE	152
61.	DEJA GALLETAS DE JENGIBRE	154
62.	GALLETAS DE LIMÓN Y JENGIBRE	156
63.	GALLETAS DE JENGIBRE BAJAS EN GRASA	158
64.	GALLETAS DE CALABAZA Y JENGIBRE FRESCO	160
65.	GALLETAS SUAVES DE JENGIBRE	162
66.	DULCES SUEÑOS GALLETAS DE JENGIBRE	164

COOKIES CAÍDAS 166

67.	GOTAS DE NARANJA Y ARÁNDANO	167
68.	GOTAS DE CIRUELA DE AZÚCAR	170
69.	GALLETAS NAVIDEÑAS DE LA MEDIA LUNA VIENESA	172
70.	GOTAS DE ARÁNDANO HOOTYCREEKS	175
71.	GALLETAS DE MANZANA Y PASAS	178
72.	GALLETAS DE ARÁNDANOS	181
73.	GALLETAS DE CEREZA	183
74.	GALLETAS DE GOTAS DE CACAO	185
75.	GALLETAS DE GOTA RELLENADAS CON FECHA	188
76.	GALLETAS DE COMIDA DEL DIABLO	191
77.	GALLETAS DE NUEZ DE NOGAL	194
78.	GALLETAS DE GOTA DE PIÑA	196
79.	GALLETAS CON GOTAS DE PIÑA Y PASAS	198
80.	GALLETAS DE CALABACÍN	200

SÁNDWICHES DE GALLETAS 202

81.	GALLETAS DE TRUFA DE CHOCOLATE	203

- 82. SÁNDWICHES DE CREMA DE AVENA 207
- 83. PASTEL DE ANILLO DE HOJALDRES DE CREMA Y ÉCLAIRS 211
- 84. SÁNDWICH DE GALLETA CON HELADO 214
- 85. SÁNDWICHES ITALIANOS DE FRESA 216
- 86. SÁNDWICHES DE PASTEL DE ZANAHORIA 219
- 87. HELADO DE NUEZ DE JENGIBRE 222
- 88. SÁNDWICH DE GALLETA DE CHOCOLATE Y VAINILLA 225
- 89. SÁNDWICH DE HELADO DE SOJA Y VAINILLA 228
- 90. SÁNDWICHES DE HELADO DE RAYOS X 231
- 91. HELADO DE SOJA DE CHOCOLATE 234
- 92. SÁNDWICHES DE CHOCOLATE DOBLE 237
- 93. SÁNDWICH DE HELADO DE COCO Y CHOCOLATE 240
- 94. PLÁTANOS DE CHOCOLATE CONGELADOS 243
- 95. SÁNDWICH DE GALLETA CON HELADO 246

SNICKERDOODLE 248

- 96. SNICKERDOODLES DE HARINA DE MAÍZ 249
- 97. SNICKERDOODLES BAJOS EN GRASA 252
- 98. SNICKERDOODLES DE TRIGO INTEGRAL 255
- 99. SNICKERDOODLES DE PONCHE DE HUEVO 258
- 100. SNICKERDOODLES DE CHOCOLATE 261

CONCLUSIÓN 264

INTRODUCCIÓN

La palabra galleta se refiere a "pequeños pasteles" derivados de la palabra holandesa "koekje" o "koekie". Las galletas contienen muchos de los mismos ingredientes que los pasteles, excepto que tienen una menor proporción de líquido con una mayor proporción de azúcar y grasa que la harina.

Las recetas de galletas se pueden preparar en innumerables formas, sabores y texturas, y se pueden decorar. Cada país parece tener su favorito: en América del Norte es la chispa de chocolate; en el Reino Unido es shortbread; en Francia, son sables y macarons; y sus biscotti en Italia.

Las Recetas de galletas generalmente se clasifican por la fluidez de su rebozado o masa, lo que determina la forma en que se forman: barras, caídas, nevera / congelador, moldeadas, prensadas o enrolladas. Además, algunos tipos de cookies son subtipos de otros. El tipo de receta de galletas a preparar determina su método de mezcla, pero para la mayoría, se usa el método convencional de pastel o crema. Las galletas se pueden hornear o llamar sin hornear, donde se pueden preparar con cereales listos para comer, como Rice Krispies Treats, avena, nueces, frutas secas o coco, y se mantienen juntas con un jarabe cocido o una base de azúcar calentada. como malvaviscos derretidos y mantequilla.

GALLETAS DE CORTE

1. Galletas de mantequilla de almendras

Rendimiento: 3 docenas

Ingredientes

- 1 taza de Harina, todo uso
- $\frac{1}{2}$ taza de maicena
- $\frac{1}{2}$ taza de azúcar, en polvo
- 1 taza de almendras, finamente picadas
- $\frac{3}{4}$ taza de mantequilla; suavizado

Direcciones

a) Combine la harina, la maicena y el azúcar en polvo; agregue las almendras. Agrega la mantequilla; mezcle con una cuchara de madera hasta que se forme una masa suave.

b) Forme la masa en bolitas pequeñas. Colócalo en una bandeja para hornear galletas sin engrasar; aplane cada bola con un tenedor ligeramente enharinado. Hornee a 300 grados durante 20 a 25 minutos o hasta que los bordes estén ligeramente dorados.

c) Enfriar antes de guardar.

2. Galletas de mantequilla de azúcar moreno

Rendimiento: 12 porciones

Ingredientes

- 1 taza de mantequilla sin sal; temperatura ambiente
- 1 taza de azúcar morena clara empaquetada
- 2 tazas de harina para todo uso
- $\frac{1}{4}$ de cucharadita de sal
- 1 cucharada de azúcar
- 1 cucharadita de canela molida

Direcciones

a) Precaliente el horno a 325 grados. Unte con mantequilla un molde desmontable de 9". Usando una batidora eléctrica, bata 1 taza de mantequilla en un tazón más grande hasta que esté suave y esponjosa.

b) Agrega el azúcar moreno y bate bien. Usando una espátula de goma, mezcle la harina y la sal (no mezcle demasiado). Presione la masa en el molde preparado. Combine el azúcar y la canela en un tazón pequeño. Espolvorea azúcar de canela sobre la masa. Corte la masa en 12 gajos, usando la regla como guía y cortando la masa. Perfore cada cuña varias veces con un palillo.

c) Hornee hasta que la torta dulce esté dorada, firme en los bordes y ligeramente suave en el centro, aproximadamente 1 hora. Enfríe la torta dulce por completo en el molde sobre la rejilla. Retire los lados de la sartén.

3. Galletas de mantequilla de nuez de macadamia bañadas en chocolate

Rendimiento: 36 porciones

Ingredientes

- 1 taza de mantequilla
- ¾ taza de azúcar en polvo
- 1 cucharadita de vainilla
- 2 tazas de harina tamizada
- ¾ taza de nueces de macadamia picadas
- 1 taza de chispas de chocolate con leche o -
- 1 taza de chispas de chocolate semidulce
- 1½ cucharadita de manteca vegetal

Direcciones

a) En un tazón grande, bata la mantequilla, el azúcar y la vainilla hasta que quede suave y esponjoso. Poco a poco agregue la harina hasta que esté bien mezclada. Agregue las nueces de macadamia.

b) Coloque la masa sobre papel encerado y forme un rollo de dos pulgadas de diámetro.

c) Envuélvalo en papel y aluminio y enfríe por lo menos dos horas o toda la noche.

d) Precalentar el horno a 300 grados. Cortar el rollo en rodajas de aprox. $\frac{1}{4}$ a $\frac{1}{2}$ pulgada de espesor. Hornee en una bandeja para hornear sin engrasar durante 20 minutos o hasta que las galletas comiencen a dorarse. Retire del horno; enfriar sobre una rejilla.

e) Mientras tanto, en un tazón pequeño, derrita las chispas de chocolate (el microondas funciona bien) y agregue la manteca. Mezclar bien. Sumerge un extremo de cada galleta en la mezcla de chocolate y colócalas sobre papel encerado.

f) Refrigere las galletas hasta que el chocolate se endurezca. Almacenar en lugar fresco. Hace 2-3 docenas de galletas.

4. Galletas de mantequilla con frutas

Rendimiento: 36 porciones

Ingredientes

- 2½ taza de harina
- 1 cucharadita de cremor tártaro
- 1½ taza de azúcar glas
- 1 9 onzas caja de carne picada
- 1 cucharadita de vainilla
- 1 cucharadita de bicarbonato de sodio
- 1 taza de mantequilla, ablandada
- 1 huevo

Direcciones

a) Precaliente el horno a 375F. 2. Combine la harina, la soda y la crema de tártaro.

b) En un tazón grande, bata la mantequilla y el azúcar hasta que quede esponjoso. Añadir huevo.

c) Agregue la vainilla y la carne picada desmenuzada.

d) Agregue los ingredientes secos. Mezcle bien, la masa estará rígida.

e) Forme bolas de 1¼". Colóquelas en una bandeja para hornear galletas sin engrasar, aplánelas ligeramente.

f) Hornee de 10 a 12 minutos o hasta que estén ligeramente doradas. Cubra con un glaseado de azúcar glas, leche y vainilla mientras aún está caliente.

5. Galletas de mantequilla de lavanda

Rendimiento: 1 lote

Ingredientes

- ½ taza de mantequilla sin sal a temperatura ambiente
- ½ taza de azúcar glas sin cernir
- 2 cucharaditas de flores de lavanda secas
- 1 cucharadita de hojas de menta verde trituradas y secas
- ⅛ cucharadita de canela
- 1 taza de harina sin tamizar

Direcciones

a) Precaliente el horno a 325 F. Prepare un molde para hornear cuadrado de 8 "forrándolo con papel de aluminio y cubriéndolo ligeramente con aceite vegetal en aerosol.

b) Bate la mantequilla hasta que esté suave y esponjosa. Agregue el azúcar, la lavanda, la menta verde y la canela. Trabaje en la harina y mezcle hasta que la mezcla se desmorone. Pásalo en el molde preparado y extiéndelo hasta que quede nivelado, presionando ligeramente para compactarlo uniformemente.

c) Hornee de 25 a 30 minutos, o hasta que estén ligeramente dorados alrededor de los bordes.

d) Levante suavemente tanto el papel de aluminio como la torta dulce fuera de la sartén sobre una superficie para cortar. Cortar las barras con un cuchillo de sierra.

e) Transfiera a una rejilla para que se enfríe por completo. Almacenar en una lata herméticamente cerrada.

6. Galletas de mantequilla de moca

Rendimiento: 18 porciones

Ingredientes

- 1 cucharadita de café instantáneo Nescafé Classic
- 1 cucharadita de agua hirviendo
- 1 paquete (12 oz) de bocados de chocolate semidulce Nestlé Toll House; dividido
- $\frac{3}{4}$ taza de mantequilla; suavizado
- $1\frac{1}{4}$ taza de azúcar glas tamizada
- 1 taza de harina para todo uso
- $\frac{1}{3}$ cucharadita Sal

Direcciones

a) Precalentar el horno a 250 grados. En una taza, disuelva el café instantáneo Nescafe Classic en agua hirviendo; dejar de lado. Derrita sobre agua caliente (no hirviendo), 1 taza de bocados de chocolate semidulce Nestlé Toll House; revuelva hasta que quede suave.

b) Retírelo del calor; dejar de lado. En un tazón grande, combine la mantequilla, el azúcar glas y el café; batir hasta que quede suave. Poco a poco mezcle la harina y la sal.

c) Agregue los bocados derretidos. Enrolle la masa entre dos piezas de papel encerado hasta que tenga un grosor de 3/16 de pulgada. Retire la sábana superior; corte las galletas usando un cortador de galletas de 2-½ pulgadas. Retire del papel encerado y colóquelo en bandejas para hornear galletas sin engrasar. Hornear a 250 grados durante 25 minutos. Enfriar completamente sobre rejillas de alambre.

d) Derrita sobre agua caliente (no hirviendo), la 1 taza restante de trocitos de chocolate semidulce Nestlé Toll House; revuelva hasta que quede suave. Esparce una cucharadita ligeramente redondeada de chocolate derretido sobre el lado plano de la galleta; cubre con la segunda galleta. Repita con las galletas restantes.

e) Enfriar hasta que cuaje. Dejar reposar a temperatura ambiente 15 minutos antes de servir. Rinde aproximadamente 1-½ docena de galletas de 2-½ pulgadas.

7. Galletas de mantequilla de maní

Rendimiento: 30 porciones

Ingredientes

- 250 mililitros Mantequilla; sin sal, suavizado
- 60 mililitros de mantequilla de maní cremosa
- 1 clara de huevo grande; Apartado
- 5 mililitros de extracto de vainilla
- 325 mililitros de harina multiusos
- 250 mililitros de avena arrollada a la antigua
- 60 mililitros de germen de trigo
- 250 mililitros de maní tostado en seco salado; picado muy fino
- 250 mililitros de azúcar moreno claro; firmemente embalado

Direcciones

a) En un tazón para mezclar con una batidora eléctrica, mezcle la mantequilla, la mantequilla de maní, el azúcar, luego agregue la yema de huevo y el extracto de vainilla.

b) Agregue la harina, la avena y el germen de trigo y bata la mezcla hasta que se combinen. Extienda la masa de manera uniforme en un molde para gelatina con mantequilla, de 40 x 27 x 2½ cm (15 ½ x 10 ½ x 1 pulgada) alisando la parte superior, extienda la clara de huevo, batida ligeramente, sobre la masa y luego espolvoree los cacahuetes de manera uniforme sobre ella. .

c) Hornee la mezcla en el medio de un horno precalentado a 300 F (150 C) durante 25 a 30 minutos, o hasta que la parte superior esté dorada.

d) Transfiera la sartén a una rejilla para que se enfríe. Mientras la mezcla aún está CALIENTE, córtela en cuadrados pequeños y parejos y deje que las galletas se enfríen completamente en la sartén.

8. Galletas de mantequilla especiadas

Rendimiento: 30 porciones

Ingredientes

- 1 taza de margarina, suavizada
- ⅔ taza de azúcar en polvo tamizada
- ½ cucharadita de nuez moscada molida
- ½ cucharadita de canela molida
- ½ cucharadita de jengibre molido
- 2 tazas de harina para todo uso

Direcciones

a) Crema de mantequilla; agregue gradualmente el azúcar, batiendo a velocidad media con una batidora eléctrica hasta que esté suave y esponjoso. Agrega las especias y bate bien.

b) Agregue la harina. La masa estará rígida. Forme la masa en bolas de 1 1$ de pulgada y colóquelas a 2 pulgadas de distancia en bandejas para hornear galletas ligeramente engrasadas. Presione ligeramente las galletas con un sello para galletas enharinado o un tenedor para aplanarlas hasta un grosor de ¼ de pulgada. Hornee a 325 durante 15 a 18 minutos o hasta que esté listo. Dejar enfriar sobre rejillas de alambre.

9. Galletas de mantequilla de nuez

Rendimiento: 2 docenas

Ingredientes

- $\frac{3}{4}$ libras de mantequilla
- 1 taza de azúcar de repostería
- 3 tazas de harina, tamizada
- $\frac{1}{2}$ cucharadita de sal
- $\frac{1}{2}$ cucharadita de vainilla
- $\frac{1}{4}$ de taza) de azúcar
- $\frac{3}{4}$ taza de nueces pecanas, finamente picadas

Direcciones

a) Batir la mantequilla y el azúcar glas hasta que esté suave.

b) Tamizar la harina y la sal y agregar a la mezcla cremosa. Agregue la vainilla y mezcle bien. Agregue nueces.

c) Reúna la masa en una bola, envuélvala en papel encerado y enfríe hasta que esté firme.

d) Extienda la masa fría hasta que tenga un grosor de $\frac{1}{2}$". Con un cortador de galletas, corte las galletas. Espolvoree la parte superior con azúcar granulada. Coloque las galletas cortadas en una bandeja para hornear sin engrasar y refrigere durante 45 minutos antes de hornear.

e) Precaliente el horno a 325F. Hornee por 20 minutos o hasta que empiece a tomar un ligero color; las galletas no deben dorarse en absoluto. Enfriar sobre rejilla.

10. Galletas de mantequilla de avellana de Oregón

Rendimiento: 36 Galletas

Ingredientes
- 1 taza de avellanas de Oregón tostadas
- $\frac{3}{4}$ taza de mantequilla; enfriado
- $\frac{3}{4}$ taza de azúcar
- $1\frac{1}{2}$ taza de harina sin blanquear

Direcciones

a) Muele las avellanas tostadas en un procesador de alimentos hasta obtener una molienda gruesa. Agregue la mantequilla y el azúcar y procese bien. Coloque la mezcla de nueces, mantequilla y azúcar en un tazón y agregue la harina ($\frac{1}{2}$ taza a la vez) mezclando cada adición por completo. Combine la mezcla en una bola.

b) Haga bolas de $1\frac{1}{2}$ pulgada y colóquelas en una bandeja para hornear antiadherente, con una separación de aproximadamente $\frac{1}{2}$ pulgada.

c) Hornee a 350 durante 10-12 minutos. Refrigere el resto de la masa hasta que esté lista para hornear.

GALLETAS DE CHOCOLATE

11. Galletas de Pretzel y Caramelo

Hace alrededor de 2 docenas

Ingredientes

- 1 paquete de mezcla para pastel de chocolate (tamaño normal)
- 1/2 taza de mantequilla, derretida
- 2 huevos grandes, temperatura ambiente
- 1 taza de pretzels en miniatura partidos, cantidad dividida
- 1 taza de chispas de chocolate semidulce
- 2 cucharadas de cobertura de caramelo salado

Direcciones

a) Precalentar el horno a 350°. Combine la mezcla para pastel, la mantequilla derretida y los huevos; batir hasta que se mezclen. Agregue 1/2 taza de pretzels, chispas de chocolate y cobertura de caramelo.

b) Deje caer cucharadas redondas con una separación de 2 pulgadas sobre bandejas para hornear engrasadas. Aplanar ligeramente con el fondo de un vaso; presione los pretzels restantes en la parte superior de cada uno. Hornee de 8 a 10 minutos o hasta que cuaje.

c) Enfriar en sartenes durante 2 minutos. Retirar a rejillas para enfriar completamente.

12. Galleta Buckeye De Cáñamo

Hace 12 porciones

Ingredientes

- 1 paquete de mezcla para pastel de chocolate (tamaño normal)
- 2 huevos grandes, temperatura ambiente
- 1/2 taza de aceite de oliva
- 1 taza de chispas de chocolate semidulce
- 1 taza de mantequilla de maní cremosa
- 1/2 taza de azúcar glas

Direcciones

- Precalentar el horno a 350°.
- En un tazón grande, combine la mezcla para pastel, los huevos y el aceite hasta que se mezclen. Agregue las chispas de chocolate. Presione la mitad de la masa en un molde de 10 pulgadas. hierro fundido u otra sartén resistente al horno.
- Combine la mantequilla de maní y el azúcar glas; esparcir sobre la masa en la sartén.
- Presione la masa restante entre las hojas de pergamino en un molde de 10 pulgadas. circulo; sobrellenado del lugar.
- Hornee hasta que un palillo insertado en el centro salga con migas húmedas, 20-25 minutos.

13.   Pastel de mezcla de galletas

Rinde: 54 porciones

Ingredientes

- 1 paquete de mezcla de pastel de chocolate alemán; budín incluido
- 1 taza de chispas de chocolate semidulce
- ½ taza de avena arrollada
- ½ taza de pasas
- ½ taza de aceite de oliva
- 2 huevos; ligeramente golpeado

Direcciones

a) Caliente el horno a 350 grados.

b) En un tazón grande, combine todos los ingredientes; mezclar bien Deje caer la masa en cucharaditas redondeadas de dos pulgadas de distancia sobre bandejas para hornear galletas sin engrasar.

c) Hornee a 350 grados durante 8-10 minutos o hasta que cuaje. Enfriar 1 minuto; eliminar de las bandejas para hornear galletas.

14.   Galletas crujientes del diablo

Rinde: 60 GALLETAS

Ingredientes

- 1 mezcla para pastel de chocolate de 18.25 onzas
- $\frac{1}{2}$ taza de aceite de oliva
- 2 huevos, ligeramente batidos
- $\frac{1}{2}$ taza de nueces picadas
- 5 barras regulares de chocolate con leche, divididas en cuadrados
- $\frac{1}{2}$ taza de coco rallado endulzado

Direcciones

a) Precaliente el horno a 350°F.
b) Combine la mezcla para pastel, el aceite y los huevos en un tazón y mezcle completamente. Doble suavemente las nueces en la masa.
c) Vierta la masa por cucharadas en bandejas para hornear galletas sin engrasar. Hornee por 10 minutos. Retire cuando las galletas estén configuradas pero aún un poco blandas en el centro.
d) Coloque un cuadrado de chocolate con leche en cada galleta. Cuando se derrita, extienda para crear una capa de chocolate en la parte superior de la galleta.
e) Transfiera las galletas inmediatamente a una rejilla y deje que se enfríen por completo.

15. Galletas De Pacanas

Rinde: 24 GALLETAS

Ingredientes

- 1 taza de mezcla para pastel de nuez y mantequilla
- 1 taza de mezcla para pastel de chocolate
- 2 huevos, ligeramente batidos
- $\frac{1}{2}$ taza de aceite de oliva
- 2 cucharadas de agua

Direcciones
a) Precaliente el horno a 350°F.
b) Combine los ingredientes y mezcle para formar una masa uniforme.
c) Deje caer por cucharadas en una bandeja para hornear galletas sin engrasar. Hornee por 15 minutos o hasta que esté dorado y listo.
d) Deje enfriar en una bandeja para hornear durante 5 minutos. Retire a una rejilla para enfriar completamente.

16.   Brownies de crema batida

Hace: 48 GALLETAS

Ingredientes

- 1 caja de mezcla para pastel de chocolate de 18 onzas
- 1 cucharada de cacao en polvo
- 1 huevo
- 1 taza de nueces, picadas
- ¼ de taza) de azúcar
- 4 onzas de cobertura batida

Direcciones
a) Precaliente el horno a 350°F.
b) Combine la mezcla para pastel, el cacao en polvo y el huevo y mezcle bien. Doble suavemente las nueces en la masa.
c) Cúbrase las manos con azúcar y luego forme bolitas con la masa. Cubre las bolas de galleta con azúcar.
d) Colóquelo en una bandeja para hornear galletas, dejando 2 pulgadas entre las galletas.
e) Hornea 12 minutos o hasta que cuaje. Retire del horno y transfiera a una rejilla para enfriar. Cubra con cobertura batida.

17. Mezcla para pastel Sandwich Galletas

Hace: 10

Ingredientes

- 1 caja de mezcla para pastel de chocolate de 18.25 onzas
- 1 huevo, temperatura ambiente
- ½ taza de mantequilla
- 1 bote de 12 onzas de glaseado de vainilla

Direcciones

a) Precaliente el horno a 350°F.
b) Cubra una bandeja para hornear galletas con una capa de papel pergamino. Dejar de lado.
c) En un tazón grande, combine la mezcla para pastel, el huevo y la mantequilla. Use una batidora eléctrica para crear una masa suave y uniforme.
d) Enrolle la masa para galletas en bolas de 1 "y colóquelas en una bandeja para hornear galletas. Presione cada bola con una cuchara para aplanar. Hornee durante 10 minutos.
e) Deje que las galletas se enfríen por completo antes de colocar una capa de glaseado entre dos galletas.

18. Galletas de granola y chocolate

Rinde: 36 GALLETAS

Ingredientes

- 1 mezcla para pastel de chocolate de 18.25 onzas
- $\frac{3}{4}$ taza de mantequilla, ablandada
- $\frac{1}{2}$ taza de azúcar morena envasada
- 2 huevos
- 1 taza de granola
- 1 taza de chispas de chocolate blanco
- 1 taza de cerezas secas

Direcciones

a) Precaliente el horno a 375°F.
b) En un tazón grande, combine la mezcla para pastel, la mantequilla, el azúcar morena y los huevos y bata hasta que se forme una masa.
c) Agregue la granola y las chispas de chocolate blanco. Vierta en cucharaditas con una separación de aproximadamente 2 pulgadas en bandejas para hornear galletas sin engrasar.
d) Hornee durante 10 a 12 minutos o hasta que las galletas estén ligeramente doradas alrededor de los bordes.
e) Deje enfriar en bandejas para hornear galletas durante 3 minutos, luego retírelo a una rejilla.

20. Galletas Alemanas

Rinde: 4 docenas de galletas

Ingredientes

- 1 caja de mezcla para pastel de chocolate alemán de 18.25 onzas
- 1 taza de chispas de chocolate semidulce
- 1 taza de avena
- ½ taza de aceite de oliva
- 2 huevos, ligeramente batidos
- ½ taza de pasas
- 1 cucharadita de vainilla

Direcciones
a) Precaliente el horno a 350°F.
b) Combina todos los ingredientes. Mezcle bien con una batidora eléctrica a baja velocidad. Si se forman migas harinosas, agregue un chorrito de agua.
c) Deje caer la masa por cucharadas en una bandeja para hornear galletas sin engrasar.
d) Hornee por 10 minutos.
e) Deje enfriar por completo antes de levantar las galletas de la bandeja y colocarlas en un plato para servir.

21.   Galletas de anís

Porciones: 36

Ingredientes:

- 1 taza de azúcar
- 1 taza de mantequilla
- 3 tazas de harina
- ½ taza de leche
- 2 huevos batidos
- 1 cucharada de polvo de hornear
- 1 cucharada de extracto de almendras
- 2 cucharaditas de licor de anís
- 1 taza de azúcar glas

Direcciones:

a) Precaliente el horno a 375 grados Fahrenheit.

b) Batir el azúcar y la mantequilla hasta que estén suaves y esponjosos.

c) Incorporar la harina, la leche, los huevos, el polvo de hornear y el extracto de almendras poco a poco.

d) Amasar la masa hasta que se vuelva pegajosa.

e) Forme bolitas con trozos de masa de 1 pulgada de largo.

f) Precaliente el horno a 350°F y engrase una bandeja para hornear. Coloque las bolas en la bandeja para hornear.

g) Precaliente el horno a 350°F y hornee las galletas por 8 minutos.

h) Combine el licor de anís, el azúcar glas y 2 cucharadas de agua caliente en un tazón.

i) Por último, sumerja las galletas en el glaseado mientras aún están calientes.

22.   Dulces galletas verdes

Ingredientes:
- 165 g de guisantes verdes.
- 80 g de dátiles medjool troceados.
- 60 g de tofu sedoso, triturado.
- 100 g de harina de almendras.
- 1 cucharadita de polvo de hornear.
- 12 almendras.

Direcciones:

a) Precalentar el horno a 180°C/350°F.

b) Combine los guisantes y los dátiles en un procesador de alimentos.

c) Procesar hasta que se forme la pasta espesa.

d) Transfiera la mezcla de guisantes a un tazón. Agregue el tofu, la harina de almendras y el polvo de hornear. Forme la mezcla en 12 bolas.

e) Coloque las bolas en una bandeja para hornear, forrada con papel pergamino. Aplane cada bola con la palma de la mano engrasada.

f) Inserta una almendra en cada galleta. Hornea las galletas durante 25-30 minutos o hasta que estén ligeramente doradas.

g) Enfriar sobre una rejilla antes de servir.

23. Galletitas de pedazos de chocolate

Ingredientes:

- 2 tazas de harina sin gluten para todo uso.
- 1 cucharadita de bicarbonato de sodio.
- 1 cucharadita de sal marina.
- 1/4 taza de yogur vegano.
- 7 cucharadas de mantequilla vegana.
- 3 cucharadas de mantequilla de anacardo
- 1 1/4 taza de azúcar de coco.
- 2 huevos de chía.
- Barra de chocolate amargo, robar porciones.

Direcciones:

a) Precaliente el horno a 375° F

b) En un tazón mediano, mezcle la harina sin gluten, la sal y el bicarbonato de sodio. Reserva mientras derrites la mantequilla.

c) Agregue la mantequilla, el yogur, la mantequilla de anacardo, el azúcar de coco en un tazón y, con un soporte para mezclar o una batidora de mano, mezcle durante unos minutos hasta que se combinen.

d) Incluya los huevos de chía y mezcle bien.

e) Agregue la harina a la mezcla de huevo de chía y mezcle a fuego lento hasta que se integre.

f) Dobla los trozos de chocolate.

g) Coloque la masa en el refrigerador para establecer durante 30 minutos.

h) Retire la masa del refrigerador y deje que baje a temperatura ambiente, aproximadamente 10 minutos, y cubra una bandeja para hornear galletas con papel pergamino.

i) Con las manos, coloque 1 1/2 cucharada de masa para galletas en el papel pergamino. Deje un poco de espacio entre cada galleta.

j) Hornea las galletas durante 9-11 minutos. ¡Deléitate!

BISCOTI

24. Brownie Biscotti

Ingredientes

- 1/3 taza de mantequilla, ablandada
- 2/3 taza de azúcar blanca
- 2 huevos
- 1 cucharadita de extracto de vainilla
- 13/4 tazas de harina para todo uso
- 1/3 taza de cacao en polvo sin azúcar
- 2 cucharaditas de polvo de hornear
- 1/2 taza de chispas de chocolate semidulce en miniatura
- 1/4 taza de nueces picadas
- 1 yema de huevo, batida
- 1 cucharada de agua

Direcciones

a) Precaliente el horno a 375°F (190°C). Engrase las bandejas para hornear o cubra con papel pergamino.

b) En un tazón grande, mezcle la mantequilla y el azúcar hasta que quede suave. Batir los huevos uno a la vez, luego agregar la vainilla. Combine la harina, el cacao y el polvo para hornear; revuelva en la mezcla cremosa hasta que esté bien mezclado. La masa estará rígida, así que mezcle el último trozo a mano. Mezcle las chispas de chocolate y las nueces.

c) Divide la masa en dos partes iguales. Forme panes de 9x2x1 pulgadas. Coloque en una bandeja para hornear a 4 pulgadas de distancia. Pincelar con la mezcla de agua y yema.

d) Hornee durante 20 a 25 minutos en el horno precalentado, o hasta que esté firme. Enfriar en una bandeja para hornear durante 30 minutos.

e) Con un cuchillo de sierra, corte los panes en diagonal en rebanadas de 1 pulgada. Regrese las rebanadas a la bandeja para hornear, colocándolas de lado. Hornee durante 10 a 15 minutos por cada lado, o hasta que se seque. Deje enfriar por completo y guárdelo en un recipiente hermético.

25. Biscotti de almendras

Rendimiento: 42 porciones

Ingredientes

- ½ taza de mantequilla o margarina, suavizada
- 1¼ taza de azúcar
- 3 huevos
- 1 cucharadita de extracto de vainilla o aroma de anís
- 2 tazas de harina para todo uso
- 2 cucharaditas de polvo de hornear
- 1 pizca de sal
- ½ taza de almendras picadas
- 2 cucharaditas de leche

Direcciones

a) En un tazón, bata la mantequilla y 1 taza de azúcar. Agregue los huevos, uno a la vez, batiendo bien después de cada adición. Agrega el anís o la vainilla.

b) Combine los ingredientes secos; agregar a la mezcla cremosa. Agregue las almendras.

c) Cubra una bandeja para hornear con papel de aluminio y papel de grasa. Divide la masa por la mitad; extiende en dos rectángulos de 12x3 pulgadas sobre papel aluminio. Pincelar con leche y espolvorear el azúcar restante. Hornear a 375 grados. durante 15 a 20 min. o hasta que estén doradas y firmes al tacto. Retire del horno y reduzca el fuego a 300 grados. Levanta los rectángulos con papel aluminio sobre una rejilla; enfriar por 15 min. Colócalo en una tabla de cortar; corte en diagonal $\frac{1}{2}$ pulgada de espesor. Coloque la rebanada con el lado cortado hacia abajo o con bandejas para hornear sin engrasar. Hornee por 10 minutos.

d) Voltee las galletas; hornear 10 min. más. Apague el horno, dejando las galletas en el horno; con la puerta entreabierta para enfriar. Almacenar en recipiente hermético.

26. **Galletas de anís**

Rendimiento: 1 raciones

Ingredientes

- 2 tazas + 2 cucharadas de harina
- ¾ taza de azúcar
- 1 cucharada de semillas de anís, trituradas
- 1 cucharadita de polvo de hornear
- ½ cucharadita de bicarbonato de sodio
- ¼ de cucharadita de sal
- 3 equivalentes de huevo
- 2 cucharadas de ralladura de limón fresco (o
- 1 cucharada seca)
- 1 cucharada de jugo de limón fresco

Direcciones

a) Precaliente el horno a 325 grados F. Cubra la bandeja para hornear con spray antiadherente o pergamino. En un tazón mediano, combine la harina, el azúcar, las semillas de anís, el polvo de hornear, el bicarbonato de sodio y la sal. Batir los equivalentes de huevo, la ralladura de limón y el jugo de limón y agregar a los ingredientes secos. Mezclar bien.

b) Trabajando sobre una superficie enharinada, forme la masa en dos troncos, cada uno de aproximadamente 14 pulgadas de largo y 1-½ pulgadas de grosor. Coloque los troncos en una bandeja para hornear preparada, con una separación de al menos 4 pulgadas (la masa se extenderá durante la cocción). Hornee durante 20 a 25 minutos, hasta que esté firme al tacto.

c) Transfiera los troncos a la rejilla para que se enfríen. Reduzca la temperatura del horno a 300 grados F. Corte los troncos en diagonal en rebanadas de ½ pulgada de grosor, con un cuchillo de sierra y un suave movimiento de aserrado. Coloque las rebanadas de lado en la bandeja para hornear y regrese al horno.

d) Hornear durante 40 minutos. Retire del horno y enfríe completamente antes de guardar. Los biscotti se pondrán crujientes a medida que se enfríen. Almacene, en un recipiente hermético, hasta por un mes.

e) Hace alrededor de 4 docenas de biscotti.

27. Biscotti de limón y anís

Rendimiento: 1 Porciones

Ingredientes

- 2 tazas de harina blanca sin blanquear
- 1 cucharadita de polvo de hornear
- ¼ de cucharadita de sal
- 1 taza de azúcar
- 2 huevos enteros
- 1 clara de huevo
- 2 cucharadas de cáscara de limón recién rallada
- 1 cucharada de semillas de anís molido

Direcciones

a) Precalentar el horno a 350 grados. Prepare una bandeja para hornear con aceite en aerosol o una capa muy ligera de aceite. En un tazón grande, mezcle la harina, la harina de maíz, el polvo de hornear y la sal. Batir ligeramente los huevos y agregarlos a la mezcla de harina.

b) Agregue el jarabe de arce, la vainilla y las nueces, mezclando hasta que la masa esté suave. Con una espátula de goma y las manos enharinadas, saque la mitad de la masa del tazón y colóquela en un lado de la bandeja para hornear. Forme la masa en un tronco de 15 "de largo.

c) Haga un segundo tronco en el otro lado de la bandeja para hornear con la masa restante. Espacie los troncos con una separación de al menos 6". Hornee durante 25-30 minutos, hasta que la parte superior de cada tronco de biscotti esté firme.

d) Retírelos con una espátula larga a una rejilla y enfríe durante 10-15 minutos. Corte cada tronco en una diagonal severa en rebanadas de aproximadamente $20\frac{1}{2}$" de grosor y colóquelas, con el lado cortado hacia abajo, en la bandeja para hornear. Reduzca la temperatura del horno a 350 grados y hornee durante 15 minutos.

e) Calientes del horno, los biscotti pueden estar un poco blandos en el centro, pero se endurecerán a medida que se enfríen.

f) Deje que se enfríen por completo. Almacenados en una lata u otro recipiente herméticamente cerrado, se mantendrán durante al menos un par de semanas.

28. Galletas de cereza

Rendimiento: 24 bizcochos

Ingredientes

- 2 tazas de harina para todo uso
- 1 taza de azúcar
- ½ cucharadita de polvo de hornear
- ½ cucharadita de sal
- ¼ taza de mantequilla; cortar en trozos pequeños
- 1 taza de almendras enteras; chuleta gruesa
- 1 taza de cerezas confitadas enteras
- 2 huevos grandes; ligeramente golpeado
- ½ cucharadita de vainilla
- 1 cucharada de leche (opcional)

Direcciones

a) Precalentar el horno a 350 grados. Engrase una bandeja para hornear grande.

b) Combine la harina, el azúcar, el polvo de hornear y la sal en un tazón. Corte la mantequilla con una batidora de repostería hasta que se formen migas gruesas. Agregue las almendras y las cerezas. Agregue los huevos y la vainilla hasta que estén bien mezclados. Si la mezcla se desmorona, agregue la leche.

c) Divide la mezcla por la mitad.

d) En una superficie ligeramente enharinada, con las manos enharinadas, presione la masa y forme dos troncos de 10 pulgadas. Aplanar a 2-$\frac{1}{2}$ pulgadas de ancho. Coloque los troncos en una bandeja para hornear preparada.

e) Hornee en horno de 350 grados durante 30 a 35 minutos. Con dos espátulas, transfiera los troncos a la rejilla para que se enfríen durante 20 minutos.

f) Con un cuchillo de sierra, corte cada tronco en diagonal en rebanadas de $\frac{3}{4}$ de pulgada de grosor.

g) Regrese a la bandeja para hornear. Hornee durante 15 minutos o hasta que las galletas estén crujientes y firmes al tacto. Transfiera a una rejilla para enfriar. Almacene en un recipiente hermético hasta por 2 semanas.

29. Biscotti de avellanas y albaricoques

Rendimiento: 1 Porciones

Ingredientes

- 4 tazas de harina
- $2\frac{1}{2}$ taza de azúcar
- 1 cucharadita de polvo de hornear
- $\frac{1}{2}$ cucharadita de sal
- 6 huevos
- 2 yemas de huevo
- 1 cucharada de extracto de vainilla
- 1 taza de avellanas, tostadas, peladas,
- Cortado
- $1\frac{1}{2}$ taza de albaricoques secos finamente picados
- 2 cucharadas de agua

Direcciones

a) Precaliente el horno a 350F.

b) Mientras tanto, en un tazón grande, tamice la harina, el azúcar, el polvo de hornear y la sal. En otro tazón, bata 5 de los huevos, 2 yemas de huevo y la vainilla. Mezclar los huevos batidos con la mezcla de harina y añadir las avellanas y los albaricoques.

c) En una tabla ligeramente enharinada, amase la masa durante 5 a 7 minutos, o hasta que se mezcle uniformemente. Si la masa es demasiado desmenuzable para mantenerse unida, agregue un poco de agua. Divida la masa en 4 partes y enrolle cada una de ellas en un cilindro de 2 pulgadas de diámetro.

d) Coloque 2 cilindros a 3 pulgadas de distancia en cada una de las 2 bandejas para hornear bien engrasadas y aplánelos ligeramente. Batir el huevo restante con el agua y pincelar cada cilindro con la mezcla. Hornee en el horno precalentado durante 35 minutos, o hasta que cuaje.

e) Retire del horno y reduzca el calor a 325F. Corte diagonalmente los biscotti de $\frac{3}{4}$ de pulgada de grosor. Extienda las rebanadas en las bandejas para hornear y regrese al horno durante 10 minutos, o hasta que comience a tomar color. Deje enfriar y guarde en un frasco hermético.

30. Biscotti de limón y romero

Rendimiento: 30 Porciones

Ingredientes

- ½ taza de almendras; tostado entero
- ⅓ taza de mantequilla; dulce
- ¾ taza de azúcar; granulado
- 2 huevos; grande
- 1 cucharadita de extracto de vainilla
- 3 cucharaditas de ralladura de limón
- 2¼ taza de harina para todo uso
- 1½ cucharadita de romero fresco; picado muy fino
- ¼ de cucharadita de sal

Direcciones

a) Batir la mantequilla y el azúcar juntos. Agregue los huevos, la vainilla, la ralladura de limón, el romero, la sal y el polvo de hornear. Agregue la harina una taza a la vez.

b) Pat en 2 panes de aproximadamente 1 pulgada de alto y 2 pulgadas de ancho. Hornee a 325'F por 25 minutos o hasta que estén doradas.

c) Retire del horno y deslice la bandeja para hornear sobre una tabla para cortar. Corte los panes en rebanadas de ½ pulgada de grosor y colóquelos nuevamente en la bandeja para hornear recostados de lado.

d) Regrese la bandeja para hornear al horno y hornee otros 10 minutos o hasta que estén crujientes.

GALLETAS DE AZÚCAR

31. Galletas de azúcar de almendras

Rendimiento: 32 galletas

Ingredientes

- 5 cucharadas de margarina (75 g)
- 1½ cucharada de Fructosa
- 1 cucharada de clara de huevo
- ¼ de cucharadita de extracto de almendra, vainilla o limón
- 1 taza de harina sin blanquear
- ⅛ cucharadita de bicarbonato de sodio
- 1 pizca de cremor tártaro
- 32 rodajas de almendra

Direcciones

a) Precaliente el horno a 350F (180C). En un tazón mediano, combine la margarina y la fructosa, batiendo hasta que quede suave y esponjosa. Mezcle la clara de huevo y el extracto de almendras. Agregue gradualmente la harina, el bicarbonato de sodio y la crema de tártaro; mezclar bien. Forme bolas de ½ pulgada (1½ cm). Coloque en una bandeja para hornear antiadherente.

b) Sumerja un vaso de fondo plano en harina y presione hacia abajo cada bola para aplanar la galleta. Cubra cada galleta con una rodaja de almendra. Hornee durante 8 a 10 minutos, hasta que estén ligeramente doradas. Transfiera a pergamino o papel encerado para que se enfríe.

32. Galletas de azúcar

Rinde: 48 GALLETAS

Ingredientes

- 1 mezcla para pastel de chocolate blanco de 18.25 onzas
- $\frac{3}{4}$ taza de mantequilla
- 2 claras de huevo
- 2 cucharadas de crema ligera

Direcciones

a) Coloque la mezcla para pastel en un tazón grande. Usando una batidora de repostería o dos tenedores, corte la mantequilla hasta que las partículas estén finas.
b) Mezcle las claras de huevo y la crema hasta que se mezclen. Forme la masa en una bola y cubra.
c) Enfríe durante al menos dos horas y hasta 8 horas en el refrigerador.
d) Precaliente el horno a 375°F.
e) Enrolle la masa en bolas de 1" y colóquelas en bandejas para hornear galletas sin engrasar. Aplánelas a un grosor de $\frac{1}{4}$" con el fondo de un vaso.
f) Hornee durante 7 a 10 minutos o hasta que los bordes de las galletas estén de color marrón claro.
g) Enfríe en bandejas para hornear galletas durante 2 minutos, luego retírelo a rejillas para enfriar completamente.

33. Galletas de azúcar con glaseado de crema de mantequilla

RENDIMIENTO: 5 DOCENAS

Ingredientes

Galleta:

- 1 taza de mantequilla
- 1 taza de azúcar blanca
- 2 huevos
- 1/2 cucharadita de extracto de vainilla
- 31/4 tazas de harina para todo uso
- 1/2 cucharadita de polvo de hornear
- 1/2 cucharadita de bicarbonato de sodio
- 1/2 cucharadita de sal

Glaseado de crema de mantequilla:

- 1/2 taza de manteca
- 1 libra de azúcar glas
- 5 cucharadas de agua
- 1/4 cucharadita de sal
- 1/2 cucharadita de extracto de vainilla
- 1/4 cucharadita de extracto con sabor a mantequilla

Direcciones

a) En un tazón grande, mezcle la mantequilla, el azúcar, los huevos y la vainilla con una batidora eléctrica hasta que quede suave y esponjoso. Combine la harina, el polvo de hornear, el bicarbonato de sodio y la sal; Revuelva gradualmente la mezcla de harina en la mezcla de mantequilla hasta que esté bien mezclado con una cuchara resistente. Enfríe la masa durante 2 horas.

b) Precaliente el horno a 400°F (200°C). En una superficie ligeramente enharinada, extienda la masa hasta que tenga un grosor de 1/4 de pulgada. Cortar en las formas deseadas usando cortadores de galletas. Coloque las galletas a 2 pulgadas de distancia en bandejas para hornear galletas sin engrasar.

c) Hornee durante 4 a 6 minutos en el horno precalentado. Retire las galletas de la sartén y enfríe sobre rejillas de alambre.

d) Con una batidora eléctrica, bata la manteca, el azúcar glas, el agua, la sal, el extracto de vainilla y el saborizante de mantequilla hasta que quede esponjoso. Escarcha las galletas después de que se hayan enfriado por completo.

34. Galletas de azúcar brickle de almendras

Rendimiento: 1 Porciones

Ingredientes

- 2¼ taza de harina para todo uso
- 1 taza de azúcar
- 1 taza de mantequilla
- 1 huevo
- 1 cucharadita de bicarbonato de sodio
- 1 cucharadita de vainilla
- 6 onzas de pedacitos de almendra

Direcciones

a) Precaliente el horno a 350F. Engrase las bandejas para hornear galletas. En un tazón grande para mezclar, combine la harina, el azúcar, la mantequilla, el huevo, el bicarbonato de sodio y la vainilla. Bate a velocidad media, raspando el tazón con frecuencia, hasta que esté bien mezclado, de 2 a 3 minutos. Agregue los trocitos de brickle de almendras.

b) Forme una cucharadita redondeada de masa en bolas de 1 pulgada. Coloque 2 pulgadas de distancia en bandejas para hornear preparadas. Aplane las galletas hasta que tengan un grosor de ¼ de pulgada con el fondo de un vaso untado con mantequilla sumergido en azúcar.

c) Hornee de 8 a 11 minutos o hasta que los bordes estén ligeramente dorados. Retire inmediatamente.

35.   Galletas de azúcar Amish

Rendimiento: 24 porciones

Ingredientes

- ½ taza de azúcar;
- ⅓ taza de azúcar en polvo;
- ¼ taza de margarina; (1/2 barra)
- ⅓ taza de aceite vegetal
- 1 huevo; (grande)
- 1 cucharadita de vainilla
- 1 cucharadita de saborizante de limón o almendras
- 2 cucharadas de agua
- 2¼ taza de harina para todo uso
- ½ cucharadita de bicarbonato de sodio
- ½ cucharadita de cremor tártaro;
- ½ cucharadita de sal

Direcciones

a) Coloque los azúcares, la margarina y el aceite en un tazón y mezcle a velocidad media hasta que quede cremoso. Agregue el huevo, la vainilla, el saborizante y el agua, y mezcle a velocidad media durante 30 segundos, raspando el recipiente antes y después de agregar estos ingredientes.

b) Revuelva los ingredientes restantes para mezclarlos bien; agregue a la mezcla cremosa y mezcle a velocidad media para mezclar. Forme la masa en 24 bolas usando 1 cucharada de masa por bola.

c) Coloque las bolas en bandejas para hornear galletas que hayan sido rociadas con spray para hornear o forradas con papel de aluminio. Presione las bolas hacia abajo de manera uniforme a $\frac{1}{2}$ ' con el dorso de una cucharada sumergida en agua.

d) Hornee a 375 durante 12 a 14 minutos, o hasta que las galletas estén doradas en el fondo y ligeramente doradas alrededor de los bordes. Retire las galletas a una rejilla y enfríe a temperatura ambiente.

36.   **Galletas de azúcar de manteca de cerdo básicas**

Rendimiento: 1 raciones

Ingredientes

- $\frac{3}{4}$ taza de manteca
- $\frac{3}{4}$ taza de azúcar morena empacada
- 1 cada huevo
- 1 cucharadita de vainilla
- 1 cucharadita de polvo de hornear

2 tazas de harina

Direcciones

a) Batir la manteca de cerdo, el azúcar y el huevo hasta que estén cremosos y bien mezclados.

b) Agregue la vainilla y agregue el polvo de hornear y la harina hasta que se forme una masa.

c) Forme bolas con la masa de aproximadamente 1 pulgada de diámetro y colóquelas en una bandeja para hornear galletas.

d) Aplane las bolas ligeramente con los dedos para hacer una galleta redonda. (Para las galletas de azúcar, espolvoree la parte superior con un poco de azúcar). Hornee en un horno precalentado a 350 hasta que los bordes estén bien dorados.

e) Retire y deje enfriar.

37. Galletas de canela y azúcar

Rendimiento: 48 porciones

Ingredientes
- 2½ taza de harina
- ½ taza de mantequilla
- 2½ cucharadita de polvo de hornear
- ¾ taza de azúcar
- ¼ de cucharadita de sal
- 1 huevo; vencido
- ⅛ cucharadita de canela
- ½ taza de suero de leche
- Mezcla de azúcar
- ½ taza de azúcar
- 1 cucharadita de canela

Direcciones

a) Mezcla la harina con el polvo para hornear, la sal y ⅛ de cucharadita de canela. En otro tazón, bata la manteca vegetal y el azúcar hasta que quede suave y esponjoso. Agrega el huevo y bate bien.

b) Agregue ⅓ de la harina, luego agregue la leche y la harina restante, mezclando entre cada adición. No agregue más harina, hará una masa suave que no será pegajosa después de que se enfríe.

c) Enfríe la masa en el refrigerador durante un par de horas hasta que esté completamente fría. Tome cucharadas de masa y forme bolas suavemente.

d) Enrolle las bolas de masa en la mezcla de canela y azúcar y luego aplánelas y colóquelas en una bandeja para hornear engrasada y hornee a 375 grados durante unos 12 minutos.

38. Galletas de azúcar agrietadas

Rendimiento: 48 porciones

Ingredientes
- 1¼ taza de azúcar
- 1 taza de mantequilla, ablandada
- 3 yemas de huevo grandes, batidas
- 1 cucharadita de extracto de vainilla
- 2½ tazas de harina para todo uso tamizada
- 1 cucharadita de bicarbonato de sodio
- ½ cucharadita de cremor tártaro

Direcciones

a) Precalentar el horno a 350 grados. Engrase ligeramente dos bandejas para hornear galletas. Batir el azúcar y la mantequilla juntos hasta que esté suave. Batir las yemas y la vainilla.

b) Tamice la harina tamizada medida, el bicarbonato de sodio y la crema de tártaro, luego incorpórelos a la mezcla de mantequilla y azúcar.

c) Forme la masa en bolas del tamaño de una nuez. Coloque 2 "de distancia en las bandejas para hornear galletas. No las aplaste.

d) Hornee durante unos 11 minutos, hasta que la parte superior esté agrietada y empiece a cambiar de color. Enfriar sobre una rejilla. Hace 4 docenas.

39. Galletas de azúcar de nuez

Rendimiento: 1 Porciones

Ingredientes
- 1¼ taza Azúcar, marrón claro Agua
- 3 cucharadas de miel
- 1 huevo
- 2⅓ taza de harina
- 1 taza de nueces pecanas, molidas gruesas
- 2½ cucharada de canela
- 1 cucharada de bicarbonato de sodio
- 1 cucharada de pimienta de Jamaica

Direcciones

a) En un tazón combine el azúcar moreno, el agua, la miel y el huevo. Batir unos 10 segundos con batidora.
b) En un recipiente aparte, combine la harina, las nueces, la canela, la pimienta de Jamaica y el bicarbonato de sodio, el polvo de hornear y mezcle bien.
c) Agregue a los ingredientes húmedos y revuelva. Deje caer la masa por cucharaditas en una bandeja para hornear engrasada. Hornee a 375 grados durante 12 minutos.
d) Hace alrededor de 3 docenas de galletas. Dejar enfriar bien antes de guardar.

40. Galletas de azúcar con especias

Rendimiento: 40 Galletas

Ingredientes

- ¾ taza de manteca vegetal a temperatura ambiente
- 1 taza de azúcar moreno claro bien compactado
- 1 huevo grande, batido ligeramente
- ¼ taza de melaza sin sulfurar
- 2 tazas de harina para todo uso
- 2 cucharaditas de bicarbonato de sodio
- 1 cucharadita de canela
- 1 cucharadita de jengibre molido
- ½ cucharadita de clavo molido
- ¼ de cucharadita de sal
- Azúcar granulada para mojar las bolas de masa.

Direcciones

a) En un tazón, bata la manteca con el azúcar moreno hasta que la mezcla esté ligera y esponjosa y agregue el huevo y la melaza. En otro tazón, tamice la harina, el bicarbonato de sodio, la canela, el jengibre, los clavos y la sal, agregue la mezcla de harina en lotes a la mezcla de manteca y mezcle bien la masa. Enfríe la masa, tapada, durante 1 hora.

b) Enrolle cucharadas rasas de la masa en bolas, sumerja un lado de cada bola en el azúcar granulada y coloque las bolas, con los lados azucarados hacia arriba, a una distancia de aproximadamente 3 pulgadas en bandejas para hornear engrasadas. Hornee las galletas en lotes en el medio de un horno precalentado a 375 grados F durante 10 a 12 minutos, o hasta que estén hinchadas y agrietadas en la parte superior. transfiera las galletas con una espátula de metal a rejillas y déjelas enfriar. Rinde unas 40 galletas.

41. Galletas de azúcar de pistacho

Rendimiento: 1 raciones

Ingredientes
- ½ taza de mantequilla
- 1 taza de azúcar
- 1 huevo grande
- 1 cucharadita de vainilla
- 1¼ taza de harina tamizada
- 1 cucharadita de polvo de hornear
- ¼ de cucharadita de sal
- ⅓ taza de pistachos finamente picados

Direcciones

a) En un tazón grande, bata la mantequilla y el azúcar hasta que estén suaves y esponjosos; bata el huevo y la vainilla. Combine la harina, el polvo para hornear y la sal; agregar a la mezcla cremosa y mezclar bien. Enfríe bien la masa.
b) Precaliente el horno a 375ø. Extienda la masa hasta que tenga un grosor de ¼ de pulgada sobre una tabla ligeramente enharinada. Córtelos con cortadores de galletas y colóquelos en bandejas para hornear galletas sin engrasar. Espolvorea los pistachos picados encima; presione hacia abajo ligeramente.
c) Hornee a 375ø durante aproximadamente 5 minutos o hasta que los bordes comiencen a dorarse.
d) Retirar a rejillas para enfriar.

GALLETAS DE QUESO

42. Galletas de aperitivo de queso

Rendimiento: 1 Porción

Ingredientes

- 4 onzas (1 taza) de queso cheddar fuerte rallado.
- ½ taza de mayonesa o mantequilla ablandada
- 1 taza de harina para todo uso
- ½ cucharadita de sal
- 1 pizca de pimiento rojo molido

Direcciones

a) Cucharee ligeramente la harina en una taza medidora; estabilizarse.

b) En un plato moderado, mezcle el queso, la margarina, la harina, la sal y el pimiento rojo. Mezcle bien y cubra y enfríe durante 1 hora.

c) Forme la masa en bolas de 1 pulgada.

d) Coloque 2 pulgadas de distancia en una plancha sin engrasar. Aplane con los dientes de un tenedor o use la superficie de un ablandador de carne sumergido en harina.

e) Si lo desea, salpique ligeramente con pimentón.

f) Ase a la parrilla durante 10 a 12 minutos.

43. Galletas con chispas de chocolate

Porciones: 12 galletas

Ingredientes:

- ½ taza de mantequilla
- ⅓ taza de queso crema
- 1 huevo batido
- 1 cucharadita de extracto de vainilla
- ⅓ taza de eritritol
- ½ taza de harina de coco
- ⅓ taza de chispas de chocolate sin azúcar

Direcciones:

a) Precaliente la freidora de aire a 350 ° F. Cubra la canasta de la freidora con papel pergamino y coloque las galletas dentro

b) En un bowl mezclar la mantequilla y el queso crema. Agregue el eritritol y el extracto de vainilla y bata hasta que quede esponjoso. Agregar el huevo y batir hasta incorporar. Mezcle la harina de coco y las chispas de chocolate. Deja reposar la masa durante 10 minutos.

c) Saque alrededor de 1 cucharada de masa y forme las galletas.

d) Coloque las galletas en la canasta de la freidora y cocine por 6 minutos.

44. Galletas de queso crema de albaricoque

Rendimiento: 4 porciones

Ingredientes
- 1½ taza de margarina
- 1½ taza de azúcar
- 8 onzas de queso crema Philadelphia
- 2 huevos
- 2 cucharadas de jugo de limón
- 1½ cucharadita de ralladura de limón
- 4½ taza de harina
- 1½ cucharadita de polvo de hornear
- relleno de albaricoque
- Azúcar, confitería
- 11 onzas de albaricoques, secos
- ½ taza de azúcar

Direcciones

a) Combine la margarina, el azúcar y el queso crema ablandado mezclando hasta que quede bien

b) mezclado. Mezcle los huevos, el jugo de limón y la cáscara. Agregue los ingredientes secos combinados a la mezcla de queso crema y mezcle bien y enfríe. Forma una bola de tamaño mediano. Coloque en una bandeja para hornear galletas sin engrasar. Aplanar ligeramente, sangrar en el centro, poner el relleno de albaricoque en el centro. Hornee a 350 grados durante 15 minutos. Deje enfriar un poco y espolvoree azúcar en polvo por encima.

c) **Relleno:** Poner 1 paquete. (11 oz.) de albaricoques en una cacerola y agregue agua hasta cubrir. Agregue ½ taza (o al gusto) de azúcar y deje hervir.

d) Cubra y cocine a fuego lento durante 10 minutos o hasta que los albaricoques estén suaves y se absorba la mayor parte del agua. Fuerza a través de un tamiz o gira en la licuadora. Rinde 2 tazas.

45. Galletas de mantequilla de maní con queso

Rendimiento: 12 porciones

Ingredientes
- ½ taza de mantequilla de maní
- 1 taza de triturado fuerte o suave
- Queso cheddar
- ⅔ taza de mantequilla, blanda
- 1½ taza de harina para todo uso sin blanquear
- ½ cucharadita de sal

Direcciones

a) En un tazón mediano, combine la mantequilla de maní, el queso, la mantequilla, la harina y la sal. Mezclar bien. Cubra y enfríe durante 1 hora.

b) Caliente el horno a 375 grados F. Coloque una cucharadita de la masa a 2 pulgadas de distancia en una bandeja para hornear galletas y hornee durante 10 a 12 minutos o hasta que estén doradas.

46.   Galletas de requesón

Rendimiento: 6 porciones

Ingredientes
- ½ taza de mantequilla o sustituto de mantequilla
- 1½ taza de harina
- 2 cucharaditas de polvo de hornear
- ½ taza de requesón
- ½ taza de azúcar
- ½ cucharadita de sal

Direcciones

a) Batir la mantequilla y el queso hasta que estén bien mezclados. Tamizar la harina, medir y tamizar con el azúcar, la levadura y la sal. Agregar gradualmente a la primera mezcla. Formar un pan. Enfriar durante la noche. Rebanada fina.

b) Coloque en una bandeja para hornear ligeramente engrasada. Hornee en horno moderado (400 F) 10 minutos, o hasta que se dore delicadamente.

47. Galletas de avena con requesón

Rendimiento: 1 Porciones

Ingredientes

- 1 taza de harina
- 1 cucharadita de sal
- ½ cucharadita de bicarbonato de sodio
- 1 cucharadita de canela
- 1½ taza de azúcar
- ½ taza de melaza
- 1 huevo batido
- 1 cucharadita de cáscara de limón
- 1 cucharada de jugo de limón
- ¾ taza de manteca derretida
- ½ taza de queso cottage cremoso
- 3 tazas de copos de avena de cocción rápida

Direcciones

a) Tamizar juntos la harina, la sal, el bicarbonato de sodio y la canela. Mezcle los siguientes cinco ingredientes, luego agregue la mezcla de harina tamizada, la manteca y el requesón.

b) Mezcle la avena arrollada. Vierta por cucharaditas en una bandeja para hornear engrasada y hornee a 350-375 hasta que esté listo. Rinde 4 docenas de galletas.

48. Galletas de queso crema y mermelada

Rendimiento: 36 Galletas

Ingredientes
- ¾ taza de margarina, suavizada
- Paquete de 8 onzas. queso crema reducido = grasa, ablandado
- 2½ cucharadita de edulcorante
- 2 tazas de harina para todo uso
- ¼ de cucharadita de sal
- ¼ taza de fruta para untar de cereza negra O frambuesa sin semillas

Direcciones

a) Bate la margarina, el queso crema y Equal Measure en un tazón mediano hasta que quede esponjoso; mezcle la harina y la sal, formando una masa suave. Refrigere, tapado, hasta que la masa esté firme, aproximadamente 3 horas.

b) Enrolle la masa sobre una superficie ligeramente enharinada en un círculo de ⅛ de pulgada de grosor, córtela en círculos con un cortador de 3 pulgadas. Coloque ¼ de cucharadita de fruta para untar redondeada en el centro de cada ronda; dobla los círculos en mitades y dobla los bordes firmemente con los dientes de un tenedor. Perfore la parte superior de las galletas con la punta de un cuchillo afilado.

c) Hornee las galletas en bandejas para hornear engrasadas en un horno precalentado a 350~ hasta que estén ligeramente doradas, aproximadamente 10 minutos. Enfriar sobre rejillas de alambre.

49. Galletas recortadas de queso crema

Rendimiento: 5 porciones

Ingredientes

- 1 taza de azúcar;
- 1 taza de margarina; suavizado -=O=-
- 1 taza de mantequilla
- 1 paquete (3 oz) de queso crema, ablandado
- 1 cucharadita de vainilla
- 1 huevo;
- 2½ taza de harina para todo uso; -=O=-
- 2½ taza de harina sin blanquear
- ¼ de cucharadita de sal;
- azúcar de colores; SI ES DESEADO

Direcciones

a) En un tazón grande, bata el azúcar, la margarina y el queso crema hasta que quede suave y esponjoso. Agregue la vainilla y el huevo, mezcle bien.

b) Vierta ligeramente la harina en la taza medidora, nivele. Revuelva la harina y la sal en la margarina; mezclar bien. Cubra con una envoltura de plástico; refrigere de una a dos horas para facilitar su manejo. Caliente el horno a 375 F.

c) Sobre una mesa ligeramente enharinada; espesor; refrigere la masa restante. Corte la masa enrollada en las formas deseadas con cortadores de galletas enharinados. Coloque 1 "de distancia en una bandeja para hornear galletas sin engrasar.

d) Deje las galletas solas o espolvoréelas con azúcar de colores.

e) Hornee las galletas a 375 grados durante 7 a 10 minutos, o hasta que los bordes estén ligeramente dorados. Enfriar un minuto; eliminar de las bandejas para hornear galletas. Escarcha y decora las galletas sencillas, si lo deseas.

50. Galleta gigante de mantequilla de maní con queso crema

Rendimiento: 12 porciones

Ingredientes
- 1 rollo de galletas Slice 'n' Bake refrigeradas
- $\frac{3}{4}$ taza de mantequilla de maní
- 4 onzas de queso crema; Ablandado
- 3 cucharadas de azúcar
- $\frac{1}{8}$ cucharadita de sal
- 3 cucharadas de margarina o mantequilla, suavizada
- 2 cucharadas de leche
- 2 cucharaditas de extracto de vainilla
- $\frac{1}{2}$ taza de maní; Cortado

Direcciones

a) Caliente el horno a 375 grados F. Extienda la masa para galletas en un molde para pizza de 12 pulgadas. Hornee durante 12 a 13 minutos o hasta que estén doradas.
b) Dejar enfriar hasta que esté frío al tacto. En un tazón pequeño, combine la mantequilla de maní, el queso crema, el azúcar, la sal, la margarina, la leche y la vainilla. Bate a velocidad media, con una batidora eléctrica, hasta que esté suave y esponjoso. Extienda la mezcla sobre la galleta y espolvoree con los cacahuates picados. Cortar en gajos.

51.   galletas de queso mexicano

Rendimiento: 24 porciones

Ingredientes
- ½ taza de azúcar
- ⅓ taza de margarina
- 1 taza de queso monterrey jack --
- triturado
- 1 taza de harina para todo uso
- 1 cucharadita de polvo de hornear
- ¼ de cucharadita de sal
- 1 huevo grande - batido

Direcciones

a) Caliente el horno a 375 grados. 1-Mezcle el azúcar y la margarina blanda; agregue el queso. Agregue los ingredientes restantes excepto el huevo. 2-Enrolle la masa por cucharadita en palitos, de aproximadamente 3½ por ½ pulgada. Coloque en una bandeja para hornear ligeramente engrasada. Presione los palitos ligeramente para aplanarlos. Pintar con huevo batido.

b) 3-Hornee hasta que se dore un poco alrededor de los bordes solamente, de 8 a 10 minutos. Retire inmediatamente de la hoja y enfríe sobre rejillas de alambre. Estas galletas únicas son crujientes.

52.   Galletas de naranja y queso crema

Rendimiento: 48 porciones

Ingredientes
- ½ taza de manteca
- 2 huevos
- 2 cucharadas de cáscara de naranja rallada
- 2 tazas de harina tamizada
- 12 onzas de chispas de chocolate
- 1 taza de azúcar
- 8 onzas de queso crema
- 2 cucharaditas de vainilla
- 1 cucharadita de sal

Direcciones

a) Crema manteca, azúcar y huevos juntos; agrega el queso crema, la ralladura de naranja y la vainilla. Agregue gradualmente la harina a la que se le ha agregado sal; mezclar bien.

b) Mezcle las chispas de chocolate. Deje caer de una cucharadita en una bandeja para hornear galletas sin engrasar.

c) Hornee en horno de 350 grados alrededor de 10 a 12 minutos.

53. Galletas de manzana con queso y hierbas

Rendimiento: 1 Porciones

Ingredientes
- ¾ taza de harina para todo uso
- ¾ taza de harina integral
- 1 taza de queso cheddar fuerte, rallado
- 4 cucharadas de manteca con sabor a mantequilla
- 1 huevo
- ½ taza de suero de leche
- 2 manzanas, peladas, sin corazón y picadas finamente
- 1 cucharadita de perejil fresco, picado

Direcciones

a) Precaliente el horno a 400øF. Combine las harinas y el queso, y córtelos en la manteca. Batir el huevo con suero de leche y verter en la mezcla de harina.

b) Agregue las manzanas y el perejil a la mezcla de harina húmeda y revuelva hasta que se forme una masa suave. Coloque la cucharada en una bandeja para hornear galletas sin engrasar y hornee de 15 a 20 minutos.

54. Galletas de queso ricota

Rendimiento: 5-8 porciones

Ingredientes
- ½ libras de margarina
- 2 huevos
- 1 libra de queso ricota
- 2 tazas de azúcar
- 1 cucharadita de polvo de hornear
- 1 cucharadita de bicarbonato de sodio
- 4 tazas de harina
- 2 cucharaditas de extracto de vainilla o limón
- ¼ cucharadita de nuez moscada

Direcciones

a) Batir la mantequilla y el azúcar y luego agregar el extracto. Agregue el huevo, uno a la vez, batiendo bien después de cada adición. Agrega el queso y bate 1 min.
b) Agregue los ingredientes secos lentamente. Deje caer por cucharaditas en una bandeja para hornear galletas sin engrasar. Hornear a 350° durante 12-15 minutos.
c) Voltee sobre una rejilla para que se enfríe y espolvoree con azúcar en polvo si lo desea.

## 55.	Galletas masticables de chocolate y queso crema

Rendimiento: 48 porciones

Ingredientes
- 8 onzas de queso crema ligero
- ½ taza de margarina
- 1 huevo
- 1½ taza de azúcar
- 300 gramos Chispas de chocolate; dividido
- 2¼ taza de harina
- 1½ cucharadita de bicarbonato de sodio
- ½ taza de nueces picadas

Direcciones

a) Bate el queso crema con la mantequilla, el huevo y el azúcar hasta que esté suave y esponjoso. Derrita 1 taza de chispas de chocolate.
b) Revuelva en la masa. Agregue la harina, el bicarbonato de sodio y las nueces junto con las chispas de chocolate restantes. Coloque la cucharada en una bandeja para hornear galletas sin engrasar.
c) Hornee a 350 grados durante 10-12 minutos o hasta que esté firme alrededor de los bordes. Retire de las bandejas para hornear galletas y enfríe.

GALLETAS DE JENGIBRE

56.   Galletas de jengibre de la abuela

Ingredientes

- 3/4 taza de margarina
- 1 taza de azúcar blanca
- 1 huevo
- 1/4 taza de melaza
- 2 tazas de harina para todo uso
- 1 cucharada de jengibre molido
- 1 cucharadita de canela molida
- 2 cucharaditas de bicarbonato de sodio
- 1/2 cucharadita de sal
- 1/2 taza de azúcar blanca para decorar

Direcciones

a) Precaliente el horno a 350°F (175°C).

b) En un tazón mediano, mezcle la margarina y 1 taza de azúcar blanca hasta que quede suave. Batir el huevo y la melaza hasta que estén bien mezclados. Combine la harina, el jengibre, la canela, el bicarbonato de sodio y la sal; revuelva en la mezcla de melaza para formar una masa. Enrolle la masa en bolas de 1 pulgada y ruede las bolas en el azúcar restante. Coloque las galletas a 2 pulgadas de distancia en bandejas para hornear galletas sin engrasar.

c) Hornee durante 8 a 10 minutos en el horno precalentado. Deje que las galletas se enfríen en una bandeja para hornear durante 5 minutos antes de retirarlas a una rejilla para que se enfríen por completo.

57. Chicos de pan de jengibre

Ingredientes

- 1 taza de mantequilla, ablandada
- 1 1/2 tazas de azúcar blanca
- 1 huevo
- 11/2 cucharadas de ralladura de naranja
- 2 cucharadas de jarabe de maíz oscuro
- 3 tazas de harina para todo uso
- 2 cucharaditas de bicarbonato de sodio
- 2 cucharaditas de canela molida
- 1 cucharadita de jengibre molido
- 1/2 cucharadita de clavo molido
- 1/2 cucharadita de sal

Direcciones

a) Batir la mantequilla y el azúcar juntos. Agregue el huevo y mezcle bien. Mezcle la cáscara de naranja y el jarabe de maíz oscuro. Agregue la harina, el bicarbonato de sodio, la canela, el jengibre, el clavo molido y la sal, mezcle hasta que estén bien combinados. Enfríe la masa durante al menos 2 horas.

b) Precaliente el horno a 375°F (190°C). Engrase las bandejas para hornear galletas. En una superficie ligeramente enharinada, extienda la masa hasta que tenga un grosor de 1/4 de pulgada. Cortar en las formas deseadas usando cortadores de galletas. Coloque las galletas a 1 pulgada de distancia en las bandejas para hornear preparadas.

c) Hornee durante 10 a 12 minutos en el horno precalentado, hasta que las galletas estén firmes y ligeramente tostadas en los bordes.

58.   Bolas de chocolate con ron

Ingredientes

- 3 1/4 tazas de obleas de vainilla trituradas
- 3/4 taza de azúcar glas
- 1/4 taza de cacao en polvo sin azúcar
- 1 1/2 tazas de nueces picadas
- 3 cucharadas de jarabe de maíz ligero
- 1/2 taza de ron

Direcciones

a) En un tazón grande, mezcle las obleas de vainilla trituradas, 3/4 taza de azúcar glas, cacao y nueces. Mezcle el jarabe de maíz y el ron.

b) Forme bolas de 1 pulgada y páselas por azúcar glas adicional. Guarde en un recipiente hermético durante varios días para desarrollar el sabor. Pasar nuevamente por azúcar glas antes de servir.

59. Galletas de melaza de jengibre

Rendimiento: 72 porciones

Ingredientes

- 2½ taza de harina
- 2 cucharaditas de jengibre molido
- 1 cucharadita de canela
- 2 cucharaditas de bicarbonato de sodio
- ½ cucharadita de sal
- 12 cucharadas de mantequilla sin sal
- 1 taza de azúcar moreno
- 1 huevo
- ⅓ taza de melaza
- Azúcar para rebozar

Direcciones

a) Combine la harina, las especias, la soda y la sal. Con una batidora eléctrica a velocidad media-baja, bata la mantequilla y el azúcar, hasta que esté suave y esponjoso. Batir el huevo y la melaza. Reduzca la velocidad a baja y agregue gradualmente la mezcla de harina hasta que se mezcle. Enfríe hasta que esté firme, alrededor de 1 hora. Caliente el horno a 350~.

b) Forme la masa en bolas de aproximadamente 1 ", enrolle en azúcar y colóquelas con una separación de aproximadamente 2" en una bandeja para hornear. Hornee hasta que los bordes comiencen a dorarse, aproximadamente 15 min. Deje enfriar en una bandeja para hornear durante 2 minutos, luego pase a rejillas de alambre.

60. Galletas navideñas masticables de jengibre

Rendimiento: 1 Porciones

Ingredientes

- 2 tazas de azúcar
- 1 taza de melaza
- 1 taza de Crisco
- 2 huevos
- 2 cucharaditas de refresco
- 4 tazas de harina
- 2 cucharaditas de jengibre
- 2 cucharaditas de canela
- 1 cucharadita de clavo
- $\frac{1}{2}$ cucharadita de sal

Direcciones

a) Mezcle bien a mano y agregue: Mezcle todo junto (a mano, no con batidora).

b) Enrolle en bolas del tamaño de una nuez pequeña, luego enrolle en azúcar de color rojo y verde. Hornee a 350 grados durante unos 9 minutos. Las galletas se verán no del todo hechas, pero no hornearlas hasta que estén duras las hace masticables. Las galletas se hundirán y tendrán grietas.

61. Deja galletas de jengibre

Rendimiento: 1 Porciones

Ingredientes

- 1 taza de azúcar
- 1 taza de melaza
- 1 taza de manteca
- 3 huevos
- 1 taza de agua; caliente
- 1 cucharada de bicarbonato de sodio
- 1 cucharada de jengibre
- 1 cucharadita de sal
- 5 tazas de harina

Direcciones

a) Manteca vegetal y azúcar. Agrega los huevos, bate bien. Agrega la melaza, el jengibre y la sal. Vuelve a batir. Agregue soda al agua caliente. Revuelva bien.

b) Añadir a la mezcla anterior. Añadir la harina y dejar caer a cucharadas sobre un molde engrasado.

c) Llevar a horno moderado.

62.   Galletas de limón y jengibre

Rendimiento: 36 porciones

Ingredientes
- ¼ libras de mantequilla sin sal
- ¾ taza de azúcar; más
- 2 cucharadas de azúcar, y más
- para rociar
- 1 huevo grande
- 1 cucharada de ralladura de limón
- 1⅓ taza de harina para todo uso
- ½ cucharadita de jengibre molido
- ½ cucharadita de bicarbonato de sodio
- ¼ de cucharadita de sal
- ¼ taza de jengibre cristalizado en dados de 1/8"

Direcciones

a) Caliente el horno a 350 grados. Cubra 2 bandejas para hornear con pergamino; dejar de lado.
b) En una batidora eléctrica, use una paleta para mezclar la mantequilla y el azúcar a velocidad media-alta hasta que esté suave y esponjosa durante aproximadamente 5 minutos, raspando los lados del tazón dos veces. Agrega el huevo; mezcle a alta velocidad para combinar.
c) Agrega la ralladura; mezclar para combinar. En un tazón, mezcle la harina, el jengibre molido, el bicarbonato de sodio, la sal y el jengibre cristalizado, agregue a la mezcla de mantequilla; mezcle a velocidad media-baja para combinar, unos 20 segundos. Usando dos cucharas, deje caer unas 2 cucharaditas de masa en una bandeja para hornear; repita, espaciándolos a 2 pulgadas de distancia.
d) Hornear durante 7 minutos. Hace 3 docenas.

63.   Galletas de jengibre bajas en grasa

Rendimiento: 1 Porciones

Ingredientes
- 1 taza de azúcar morena empaquetada
- ¼ taza de puré de manzana
- ¼ taza de melaza
- 1 huevo grande
- 2¼ taza de harina
- 3 cucharaditas de jengibre molido
- 1½ cucharadita de canela
- ¼ de cucharadita de clavo molido
- 1 cucharadita de bicarbonato de sodio
- ¼ taza de azúcar blanca

Direcciones

a) Bate el azúcar moreno, el puré de manzana, la melaza y el huevo en un tazón grande hasta que quede suave. En otro tazón combine los ingredientes restantes (excepto el azúcar blanco) y revuélvalos en la mezcla húmeda. Cubra y refrigere por lo menos 2 horas o toda la noche.

b) Precalentar el horno a 350 grados. Forme la masa en bolitas del tamaño de una nuez, pásela por azúcar blanca y colóquela a 2 pulgadas de distancia en una bandeja para hornear engrasada.

c) Hornear durante 10-15 minutos.

d) Retirar y enfriar sobre una rejilla.

64. Galletas de calabaza y jengibre fresco

Rendimiento: 2 docenas

Ingredientes
- $1\frac{1}{4}$ taza de azúcar morena clara empaquetada
- 1 taza de puré de calabaza
- 1 huevo grande
- 2 cucharadas de raíz de jengibre fresco rallado
- 2 cucharadas de crema agria
- 1 cucharadita de vainilla
- $\frac{1}{2}$ taza de mantequilla sin sal ablandada
- $2\frac{1}{4}$ taza de harina
- 1 cucharadita de bicarbonato de sodio
- 1 cucharadita de polvo de hornear
- $\frac{1}{2}$ cucharadita de sal
- $\frac{1}{2}$ cucharadita de canela
- 1 taza de nueces picadas
- 1 taza de grosellas o pasas picadas

Direcciones

a) Precaliente el horno a 350 y engrase ligeramente las bandejas para hornear galletas. Combine el azúcar, la calabaza, el huevo, el jengibre, la crema agria y la vainilla en un procesador de alimentos.

b) Procesar un puré suave. Agrega la mantequilla y procesa 8 segundos más.

c) Mezcle la harina de bicarbonato de sodio, el polvo de hornear, la sal y la canela. Revuelva los ingredientes secos en el líquido en 2 etapas hasta que se mezclen.

65. Galletas suaves de jengibre

Rendimiento: 1 raciones

Ingredientes
- 12 tazas de harina
- 4 tazas de melaza
- 2 tazas de manteca
- 2 tazas de leche; agrio
- 2 cucharaditas de bicarbonato de sodio
- 2 cucharadas de jengibre
- 2 cucharadas de canela
- 1 cucharadita de sal
- 2 huevos; vencido

Direcciones

a) Tamizar la harina en el molde, formar un hueco en el centro. Agregue manteca, melaza.
b) Leche agria en la que se ha disuelto soda. Agregue las especias, la sal y el huevo.
c) Mezcle rápidamente hasta obtener una masa suave y suave. Llevar a horno moderado.

66.   Dulces sueños galletas de jengibre

Rendimiento: 72 porciones

Ingredientes

- 2 barras de margarina; suavizado
- 1½ taza de azúcar moreno claro; firmemente embalado
- 2 huevos
- 2½ taza de harina para todo uso
- 1 cucharadita de bicarbonato de sodio
- ½ cucharadita de sal
- 1 cucharadita de canela
- 1 cucharadita de jengibre molido
- 1 taza de pecanas picadas
- 12 onzas de bocaditos de vainilla
- 1 cucharadita de extracto de vainilla

Direcciones

a) Batir la margarina, el azúcar moreno y los huevos. Mezcle y luego agregue la harina, el bicarbonato de sodio, la sal, la canela y el jengibre. Agregue las nueces, los chips de vainilla y la vainilla.
b) Forme bolas de una pulgada. Ruede las bolas en azúcar glas.
c) Hornee de 8 a 10 minutos a 375 grados.

COOKIES CAÍDAS

67.   Gotas de naranja y arándano

Ingredientes

- 1/2 taza de azúcar morena envasada
- 1/4 taza de mantequilla, ablandada
- 1 huevo
- 3 cucharadas de jugo de naranja
- 1/2 cucharadita de extracto de naranja
- 1 cucharadita de ralladura de naranja
- 1 1/2 tazas de harina para todo uso
- 1/2 cucharadita de polvo de hornear
- 1/4 cucharadita de bicarbonato de sodio
- 1/4 cucharadita de sal
- 1 taza de arándanos secos

Direcciones

a) Precaliente el horno a 375°F (190°C). Engrase ligeramente las bandejas para hornear galletas o cúbralas con papel pergamino.

b) En un tazón mediano, mezcle el azúcar blanco, el azúcar moreno y la mantequilla. Agregue el huevo, el jugo de naranja, el extracto de naranja y la ralladura de naranja. Tamiza la harina, el polvo de hornear, el bicarbonato de sodio y la sal; mezclar con la mezcla de naranja. Agregue los arándanos secos. Deje caer la masa para galletas apilando cucharaditas, a 2 pulgadas de distancia, en las bandejas para hornear preparadas.

c) Hornee durante 10 a 12 minutos, o hasta que los bordes comiencen a dorarse. Enfríe en bandejas para hornear durante 5 minutos, luego retírelo a una rejilla para que se enfríe por completo.

68.   Gotas de ciruela de azúcar

Ingredientes

- 1/2 taza de mantequilla, ablandada
- 1/2 taza de manteca
- 11/2 tazas de azúcar blanca
- 2 huevos
- 2 cucharaditas de extracto de vainilla
- 2 3/4 tazas de harina para todo uso
- 2 cucharaditas de cremor tártaro
- 1 cucharadita de bicarbonato de sodio
- 1/4 cucharadita de sal
- 2 cucharadas de azúcar blanca
- 2 cucharaditas de canela molida

Direcciones

a) Precaliente el horno a 400°F (200°C).

b) Batir la mantequilla, la manteca vegetal, 1 1/2 tazas de azúcar, los huevos y la vainilla. Mezcle la harina, la crema de tártaro, la soda y la sal. Forme la masa con cucharadas redondeadas en bolas.

c) Mezclar las 2 cucharadas de azúcar y la canela. Enrolle las bolas de masa en la mezcla. Coloque 2 pulgadas de distancia en bandejas para hornear sin engrasar.

d) Hornee de 8 a 10 minutos, o hasta que esté listo pero no demasiado duro. Retire inmediatamente de las bandejas para hornear.

69.   Galletas Navideñas de la Media Luna Vienesa

Ingredientes

- 2 tazas de harina para todo uso
- 1 taza de mantequilla
- 1 taza de avellanas, molidas
- 1/2 taza de azúcar glass tamizada
- 1/8 cucharadita de sal
- 1 cucharadita de extracto de vainilla
- 2 tazas de azúcar glas tamizada
- 1 vaina de vainilla

Direcciones

a) Precaliente el horno a 375°F (190°C).

b) En un tazón grande, combine la harina, la mantequilla, las nueces, 1/2 taza de azúcar glas, la sal y la vainilla. Mezclar a mano hasta que esté bien mezclado. Forme la masa en una bola. Cubra y refrigere por 1 hora.

c) Mientras tanto, coloque el azúcar en un tazón o recipiente pequeño. Con un cuchillo de chef afilado, parte la vaina de vainilla a lo largo. Raspe las semillas y mézclelas con el azúcar. Corte la vaina en trozos de 2 pulgadas y mezcle con el azúcar.

d) Retire la masa del refrigerador y forme bolas de 1 pulgada. Enrolle cada bola en un rollo pequeño, de 3 pulgadas de largo. Coloque 2 pulgadas de distancia en una bandeja para hornear sin engrasar y doble cada uno para formar una media luna.

e) Hornee de 10 a 12 minutos en el horno precalentado, o hasta que esté listo pero no dorado.

f) Deje reposar 1 minuto, luego retírelo de las bandejas para hornear galletas. Coloque las galletas calientes en una hoja grande de papel de aluminio. Espolvorear con la mezcla de azúcar preparada. Gire suavemente para cubrir por ambos lados. Deje enfriar por completo y guárdelo en un recipiente hermético a temperatura ambiente. Justo antes de servir, cubra con más azúcar con sabor a vainilla.

70. Gotas de arándano Hootycreeks

Ingredientes

- 5/8 taza de harina para todo uso
- 1/2 taza de avena arrollada
- 1/2 taza de harina para todo uso
- 1/2 cucharadita de bicarbonato de sodio
- 1/2 cucharadita de sal
- 1/3 taza de azúcar morena envasada
- 1/3 taza de azúcar blanca
- 1/2 taza de arándanos secos
- 1/2 taza de chispas de chocolate blanco
- 1/2 taza de pecanas picadas

Direcciones

a) Coloque los ingredientes en capas en un frasco de 1 cuarto o 1 litro, en el orden indicado.

b) 1.Precaliente el horno a 350°F (175°C). Engrase una bandeja para hornear galletas o cubra con papel pergamino.

c) 2. En un tazón mediano, mezcle 1/2 taza de mantequilla blanda, 1 huevo y 1 cucharadita de vainilla hasta que quede esponjoso. Agregue todo el frasco de ingredientes y mezcle a mano hasta que estén bien mezclados. Deje caer cucharadas colmadas sobre las bandejas para hornear preparadas.

d) 3. Hornee durante 8 a 10 minutos, o hasta que los bordes comiencen a dorarse. Enfríe en bandejas para hornear o retírelo para enfriar en rejillas de alambre.

71.   Galletas de manzana y pasas

Rendimiento: 1 Porciones

Ingredientes

- 1 paquete Pillsbury Moist Supreme Yellow Cake Mix
- 1 cucharadita de canela
- $\frac{1}{2}$ cucharadita de nuez moscada
- $\frac{1}{2}$ taza de crema agria
- 2 huevos
- 1 taza de manzana; Triturado grueso
- $\frac{1}{2}$ taza de pasas
- 2 cucharadas de azúcar en polvo
- 4 docenas de galletas.

Direcciones

a) Caliente el horno a 350F. Engrase las bandejas para hornear galletas. En un tazón grande, combine la mezcla para pastel, la canela, la nuez moscada, la crema agria y los huevos; mezclar bien

b) Agregue la manzana y las pasas. Deje caer la masa apilando cucharaditas con una separación de 1 pulgada en bandejas para hornear engrasadas. 2.

c) Hornee de 10 a 14 minutos o hasta que los bordes estén dorados.

d) Retire inmediatamente de las bandejas para hornear galletas. Enfriar 5 minutos o hasta que se enfríe por completo. Espolvorear con azúcar en polvo, si se desea.

72. Galletas de arándanos

Rendimiento: 30 Porciones

Ingredientes

- 2 tazas de harina tamizada
- 2 cucharaditas de polvo de hornear
- $\frac{1}{4}$ de cucharadita de sal
- $\frac{3}{4}$ taza de manteca
- 1 taza de azúcar
- 2 huevos
- $1\frac{1}{2}$ cucharadita de cáscara de limón rallada
- $\frac{1}{2}$ taza de leche
- 1 taza de arándanos frescos

Direcciones

a) Tamizar juntos la harina, el polvo de hornear y la sal. Bata la manteca vegetal hasta que esté suave y agregue gradualmente el azúcar. Agrega los huevos y la ralladura de limón y bate hasta que esté bien mezclado. Agregue la mezcla de harina alternando con la leche, batiendo hasta que quede suave después de cada adición.

b) Incorpore ligeramente los arándanos. Deje caer por cucharaditas en una bandeja para hornear engrasada. Hornee a 375 durante 10-12 minutos.

73. Galletas de cereza

Rendimiento: 48 porciones

Ingredientes

- 1 paquete Cherry Supreme Deluxe Cake
- $\frac{1}{2}$ taza de aceite de cocina
- 2 cucharadas de agua
- 2 huevos
- Unas gotas de colorante alimentario rojo
- 1 taza de nueces picadas
- Cereza marrasquino en cuartos

Direcciones

a) Precalentar el horno a 350 grados. Mezcle la mezcla para pastel, el aceite, el agua, los huevos y el colorante para alimentos. Agrega las nueces. Coloque una cucharadita en una bandeja para hornear galletas sin engrasar. Cubra cada galleta con un cuarto de cereza marrasquino.

b) Hornear durante 10-12 minutos. Enfríe en una bandeja para hornear durante aproximadamente 1 minuto, luego colóquelo en una rejilla para terminar de enfriar.

74. Galletas de gotas de cacao

Rendimiento: 5 docenas

Ingredientes

- ½ taza de manteca
- 1 taza de azúcar
- 1 huevo
- ¾ taza de suero de leche
- 1 cucharadita de extracto de vainilla
- 1¾ taza Harina, todo uso
- ½ cucharadita de refresco
- ½ cucharadita de sal
- ½ taza de cacao
- 1 taza de nueces pecanas; picado (o nueces)

Direcciones

a) manteca vegetal; agregue gradualmente el azúcar, batiendo hasta que esté suave y esponjoso. Agregue el huevo, batiendo bien. Agregue el suero de leche y el extracto de vainilla.

b) Combine la harina, la soda, la sal y el cacao; agregar a la mezcla cremosa, batiendo bien. Agregue las nueces. Enfríe la masa 1 hora.

c) Deje caer la masa por cucharaditas, con 2 pulgadas de distancia, en bandejas para hornear engrasadas.

d) Hornee a 400 grados durante 8 a 10 minutos.

75. Galletas de gota rellenadas con fecha

Rendimiento: 30 galletas

Ingredientes

- 4 tazas de mezcla básica para galletas
- ¼ cucharadita de canela
- 2 huevos batidos
- 1 taza de dátiles picados
- 3 cucharadas de azúcar
- 1 cucharadita de vainilla
- ¼ taza de agua o suero de leche
- mitades de nuez
- 3 cucharadas de agua
- ¼ taza de nueces picadas

Direcciones

a) En una cacerola pequeña combine los dátiles, el azúcar y el agua. Cocine a fuego medio de 5 a 10 minutos, revolviendo hasta que espese. Retírelo del calor.

b) Enfriar un poco. Agregue las nueces picadas. Ponga a un lado para enfriar. Precaliente el horno a 375. Engrase ligeramente las bandejas para hornear. En un tazón grande, combine la mezcla para galletas, la canela, los huevos, la vainilla y el agua o el suero de leche. Mezcle bien. Coloque una cucharadita en bandejas para hornear preparadas.

c) Coloque ½ cucharadita de relleno de dátiles sobre cada galleta, presionando ligeramente la masa. Cubra cada uno con otra cucharadita de masa. Cubra con la mitad de nuez. Hornea de 10 a 12 minutos.

76. Galletas de comida del diablo

Rendimiento: 6 porciones

Ingredientes

- 1 taza de azúcar moreno
- ½ taza de mantequilla, ablandada
- 1 cucharadita de vainilla
- 2 onzas (2 cuadrados) de chocolate sin azúcar
- 1 huevo
- 2 tazas de harina
- ½ cucharadita de bicarbonato de sodio
- ½ cucharadita de sal
- ¾ taza de crema agria
- ½ taza de nueces picadas

Glaseado de moca:

- 1½ taza de azúcar en polvo
- 2 cucharadas de cacao sin azúcar
- ¼ taza de mantequilla, ablandada
- 1 a 2 cucharaditas. gránulos de café instantáneo
- 1½ cucharadita de vainilla
- 2 a 3 cucharadas. Leche

Direcciones

Galletas:

a) Caliente el horno a 350 grados. Engrase las bandejas para hornear galletas. En un tazón grande, bata el azúcar morena y ½ taza de mantequilla hasta que esté suave y esponjosa. Agregue 1 cucharadita. vainilla, chocolate y huevo; mezclar bien

b) Cucharee ligeramente la harina en una taza medidora; estabilizarse. En un tazón pequeño, combine la harina, el bicarbonato de sodio y la sal. Agregue los ingredientes secos y la crema agria a la mezcla de chocolate; mezclar bien.

c) Agrega las nueces. Coloque cucharaditas colmadas con una separación de 2" sobre bandejas para hornear engrasadas. Hornee a 350 durante 10 a 14 minutos o hasta que cuaje.

d) Enfriar 1 minuto; eliminar de las bandejas para hornear galletas. Enfriar completamente.

Crema:

e) En un tazón pequeño, combine todos los ingredientes del glaseado y agregue suficiente leche para obtener la consistencia deseada para untar; mezclar hasta que esté suave. Extender sobre las galletas enfriadas. Permita que el glaseado se asiente antes de guardarlo.

77.   Galletas de nuez de nogal

Rendimiento: 1 raciones

Ingredientes

- 2 tazas de azúcar
- 1 taza de manteca; Golpea bien
- 2 huevos
- 1 taza de leche; agrio o 1 taza de suero de leche
- 4 tazas de harina
- 1 cucharadita de bicarbonato de sodio
- 1 cucharadita de polvo de hornear
- 1 taza de nueces; Cortado
- 1 taza de pasas; Cortado

Direcciones

a) Tamizar el bicarbonato de sodio y el polvo de hornear con la harina.

b) Combine los ingredientes restantes, mezcle bien.

c) Deje caer por cucharaditas en una bandeja para hornear galletas.

d) Hornee en horno moderado a 375 F.

78. Galletas de gota de piña

Rendimiento: 1 raciones

Ingredientes

- $\frac{1}{4}$ taza de mantequilla
- $\frac{3}{4}$ taza de azúcar
- 1 cada huevo
- $\frac{1}{4}$ taza de piña; escurrido y triturado
- $1\frac{1}{4}$ taza de harina; tamizado
- Sal; una pizca
- $\frac{1}{4}$ de cucharadita de bicarbonato de sodio
- $\frac{1}{2}$ cucharadita de polvo de hornear
- $\frac{1}{4}$ taza de carnes de nuez

Direcciones

a) Batir la mantequilla, el azúcar, agregar los ingredientes restantes. Mezcle bien, deje caer $\frac{1}{2}$ cucharadita en una bandeja para hornear galletas.

b) Hornear en horno a 375 F.

79.   Galletas con gotas de piña y pasas

Rendimiento: 36 porciones

Ingredientes

- ½ taza de mantequilla
- ½ cucharadita de vainilla
- 1 taza de Azúcar Morena, envasada
- 1 huevo
- ½ taza de pasas
- ¾ taza de piña triturada, escurrida
- 2½ taza de harina
- 1 cucharadita de polvo de hornear
- 1 cucharadita de bicarbonato de sodio
- ½ cucharadita de sal

Direcciones

a) Bate la mantequilla, la vainilla y el azúcar hasta que quede suave y esponjoso. Agregar bien el huevo y la nata. Agregue las pasas y la piña. Tamizar los ingredientes secos juntos. Agregar gradualmente a la mezcla de crema. Revuelva hasta que esté bien mezclado.

b) Deje caer por cucharaditas en bandejas para hornear engrasadas. Hornee de 12 a 15 minutos en un horno precalentado a 375 oF.

80. Galletas de calabacín

Rendimiento: 36 Porciones

Ingredientes

- 1 taza de calabacín rallado
- 1 cucharadita de bicarbonato de sodio
- 1 taza de azúcar
- ½ taza de manteca o mantequilla
- 1 huevo; vencido
- 2 tazas de harina
- 1 cucharadita de canela
- ½ cucharadita de clavo molido
- ½ cucharadita de sal
- 1 taza de nueces picadas
- 1 taza de pasas

Direcciones

a) Mezcle el calabacín, la soda, el azúcar, la mantequilla y el huevo batido. Tamizar la harina, la canela, los clavos y la sal. Revuelva para mezclar. Agregue las pasas y las nueces y deje caer la masa por cucharaditas en una bandeja para hornear engrasada.

b) Hornee en horno precalentado a 375F de 12 a 15 minutos. Hace 3 docenas.

SÁNDWICHES DE GALLETAS

81. Galletas De Trufa De Chocolate

Rinde unas 16 galletas.

Ingredientes

- 8 cucharadas (1 barra) de mantequilla sin sal
- 8 onzas de chocolate negro (64 % de cacao o más), picado en trozos grandes
- ½ taza de harina para todo uso sin blanquear o harina sin gluten
- 2 cucharadas de cacao en polvo procesado en Holanda (99% cacao)
- ¼ de cucharadita de sal marina fina
- ¼ de cucharadita de bicarbonato de sodio
- 2 huevos grandes, a temperatura ambiente
- ½ taza de azúcar
- 2 cucharaditas de extracto de vainilla
- 1 taza de chispas de chocolate amargo (64% cacao o más)

Direcciones:

a) Derrita la mantequilla y el chocolate negro al baño maría a fuego lento, revolviendo ocasionalmente hasta que se derrita por completo. Enfriar completamente.

b) Combine la harina, el cacao en polvo, la sal y el bicarbonato de sodio en un tazón pequeño. Dejar de lado.

c) Usando una batidora eléctrica, bata los huevos y el azúcar en un tazón grande a alta velocidad hasta que estén suaves y esponjosos, aproximadamente 2 minutos. Agregue la vainilla, luego agregue el chocolate derretido y la mantequilla y bata durante 1 a 2 minutos, hasta que se mezclen.

d) Raspe los lados del tazón y, con una espátula de goma grande, agregue los ingredientes secos hasta que se incorporen. Dobla las chispas de chocolate. Cubra con una envoltura de plástico y refrigere por lo menos 4 horas.

e) Coloque una rejilla en el centro del horno y precaliente el horno a 325 °F. Cubra una bandeja para hornear con papel pergamino.

f) Mójese las manos con agua y enrolle la masa en bolas de 2 pulgadas, colocándolas a una distancia de aproximadamente 2 pulgadas en la bandeja para hornear forrada. Trabaje rápidamente, y si está horneando las galletas en lotes, refrigere la masa restante entre rondas.

g) Hornee durante 12 a 13 minutos, hasta que los bordes hayan subido un poco y el centro esté casi firme. Retire del horno y deje enfriar en la fuente durante al menos 10 minutos, luego transfiéralo a una rejilla y deje que se enfríe por completo.

Para Armar Sándwiches De Helado

h) Coloque las galletas en una bandeja para hornear y congele durante 1 hora. Suaviza 1 litro de helado hasta que se pueda sacar con una cuchara. Me gusta mantenerlo simple y usarHelado De Crema Dulce, pero puedes usar el sabor que quieras.

i) Retire las galletas del congelador y, trabajando rápidamente, vierta de 2 a 4 onzas de helado en una galleta. Alise el helado colocando otra galleta encima. Repetir.

j) Cuando hayas terminado de armar todos los sándwiches, regrésalos al congelador durante al menos 2 horas para que se endurezcan.

82. Sándwiches De Crema De Avena

Hace 24 galletas

:

Ingredientes

- 1½ tazas de harina para todo uso sin blanquear
- 2 tazas de avena de cocción rápida (avena instantánea)
- 1 cucharadita de bicarbonato de sodio
- ¼ de cucharadita de canela molida
- ½ libra (2 barras) de mantequilla sin sal, blanda
- 1½ tazas de azúcar morena clara empaquetada
- ¾ cucharadita de sal marina fina
- 1 cucharadita de extracto de vainilla
- 2 huevos grandes, a temperatura ambiente
- 1 litro de helado de tu elección

Direcciones:

a) Coloque una rejilla en el centro del horno y precaliente el horno a 325 °F. Cubra dos bandejas para hornear con pergamino.

b) Combine la harina, la avena, el bicarbonato de sodio y la canela en un tazón y mezcle bien. Usando una batidora eléctrica, bata la mantequilla en un tazón grande hasta que quede suave y cremosa.

c) Agrega el azúcar y la sal y bate hasta que la mezcla esté de color claro y esponjosa; Raspar los lados del tazón, según sea necesario. Agregue el extracto de vainilla y bata solo para combinar.

d) Agregue los huevos uno a la vez, batiendo bien después de cada adición. La masa debe ser suave y cremosa.

e) Agregue la mitad de los ingredientes secos y mezcle a baja velocidad hasta que se combinen. Agregue la harina restante y mezcle hasta que se combine. Tenga cuidado de no trabajar demasiado la masa.

f) Use una cuchara de 1 onza para repartir la masa en las bandejas para hornear, espaciando las galletas a unas 2 pulgadas de distancia.

g) Aplane ligeramente las galletas con la palma de la mano o con el dorso de una cuchara de madera.

h) Hornea las galletas durante 7 minutos. Gire la bandeja y hornee durante 4 a 6 minutos más, o hasta que las galletas estén ligeramente doradas en los bordes pero apenas asentadas en el centro.

i) Deje que las galletas se enfríen durante 10 minutos en la bandeja para hornear. Luego apílelos en un recipiente o en una bolsa Ziploc para congelador de 1 galón y congélelos durante 2 horas.

j) Para armar los sándwiches de crema, coloque 3 galletas congeladas en una bandeja para hornear. Ponga una cucharada redonda (2 a 3 onzas) de helado ligeramente ablandado en cada galleta.

k) Cubra con tres galletas más, aplastando las dos galletas hasta que el helado se aplane y se encuentre con los bordes exteriores.

l) Coloque los sándwiches de crema completamente ensamblados nuevamente en el congelador y repita con las galletas restantes.

83. Pastel de anillo de hojaldres de crema y éclairs

Rinde de 6 a 12 porciones

Ingredientes

- 1 taza de agua tibia
- 4 cucharadas (½ barra) de mantequilla sin sal, cortada en trozos
- 1 taza de harina para todo uso sin blanquear o harina sin gluten
- 4 huevos grandes, a temperatura ambiente
- Crema helada de vainilla saladaoNatilla helada de chocolate con leche de cabra salada
- glaseado de chocolate(use 4 cucharadas de leche entera)

Direcciones:

a) Precaliente el horno a 400°F.

b) Combine el agua y la mantequilla en una cacerola medianamente pesada y hierva, revolviendo para derretir la mantequilla. Vierta toda la harina y mezcle hasta que la mezcla forme una bola.

c) Retirar del fuego y batir los huevos uno por uno con una batidora eléctrica.

Para bollos de crema

d) Coloque con una cuchara seis montículos individuales de masa de 4 pulgadas en una bandeja para hornear galletas sin engrasar (para bocanadas más pequeñas, haga doce montículos de 2 pulgadas). Hornear hasta que estén doradas, unos 45 minutos. Retire del horno y deje enfriar.

Para Éclairs

e) Coloque una manga pastelera con una punta plana de ¼ de pulgada, luego coloque de seis a doce tiras de 4 pulgadas en una bandeja para hornear galletas sin engrasar. Hornear hasta que estén doradas, unos 45 minutos. Retire del horno y deje enfriar.

para un pastel de anillo

f) Deje caer cucharadas uniformes de masa en una bandeja para hornear galletas sin engrasar para hacer un óvalo de 12 pulgadas. Hornee hasta que estén doradas, de 45 a 50 minutos. Retire del horno y deje enfriar.

Armar

g) Prepara el glaseado. Corta las bolitas de crema, los éclairs o el pastel de anillos por la mitad. Rellénelo con el helado y vuelva a colocar la(s) tapa(s).

h) Para bollos de crema, sumerja la parte superior de cada bollo en el chocolate. Para los éclairs, vierta generosamente el glaseado sobre ellos. Para el pastel de anillos, agregue 5 cucharadas adicionales de leche al glaseado; rocíalo sobre el pastel de anillos.

i) Para servir, coloque los pasteles o rebanadas de pastel en platos.

84. Sándwich de galleta con helado

Ingredientes

- 12 galletas de chocolate
- 2 tazas de helado de vainilla (u otro sabor), suavizado

Direcciones:

a) Coloque las galletas en una bandeja en el congelador.

b) Extienda el helado ablandado en una bandeja o recipiente plano hasta que tenga un grosor de aproximadamente 1/2 pulgada y vuelva a congelar. Cuando vuelva a estar firme, pero no duro, corta 6 círculos de helado para que quepan las galletas. Transfiera con cuidado el helado de la sartén a 6 galletas.

c) Cubra con una segunda galleta. Presione hacia abajo para sellar bien y congele hasta que esté listo para comer. Si están bien congelados, sácalos del congelador de 10 a 15 minutos antes de que quieras comerlos, de lo contrario, estarán muy duros.

d) Comer dentro de un par de días.

Para 6

85. Sándwiches italianos de fresa

Rinde: 12 a 16 sándwiches

Ingredientes

- 1 taza de margarina no láctea, suavizada
- 3/4 taza de azúcar de caña evaporada, cantidad dividida
- 2 cucharaditas de extracto de vainilla
- 2-1/4 tazas de harina para todo uso sin blanquear

Direcciones

a) En un tazón grande, mezcle la margarina, 1/2 taza de azúcar y la vainilla hasta que estén bien combinados. Agregue la harina en lotes y mezcle hasta que la masa esté suave y uniforme. Divida la masa por la mitad y forme cada mitad en un tronco rectangular, de aproximadamente 5 pulgadas de largo, 3 pulgadas de ancho y 2 pulgadas de alto. Espolvorea el 1/4 de taza de azúcar restante sobre una superficie limpia y enrolla cada tronco para cubrir el exterior. Envuelva cada tronco en una envoltura de plástico y refrigere durante al menos 2 horas.

b) Precaliente el horno a 375°F. Cubra dos bandejas para hornear con papel pergamino.

c) Retire los troncos de masa para galletas del refrigerador. Con un cuchillo afilado, corte los troncos en rebanadas de 1/4 de pulgada de grosor, presionando los lados del tronco mientras corta para mantener su forma. Coloque las galletas en rodajas en las bandejas para hornear preparadas con una separación de 1 pulgada. Hornee durante 8 a 10 minutos, o hasta que los bordes estén ligeramente dorados.

d) Después de sacarlas del horno, deje que las galletas se enfríen en la bandeja durante 5 minutos, luego transfiéralas a una rejilla. Deja que las galletas se enfríen por completo. Almacenar en un recipiente hermético

86. Sándwiches De Pastel De Zanahoria

Rinde: 12 a 16 sándwiches

Ingredientes

- 2 tazas de harina para todo uso sin blanquear
- 1/2 cucharadita de polvo de hornear
- 2 cucharaditas de canela molida
- 1/2 cucharadita de jengibre molido
- 1/4 cucharadita de nuez moscada molida
- 1/4 cucharadita de sal
- 3/4 taza de margarina no láctea, a temperatura ambiente
- 1 taza de azúcar morena oscura envasada
- 1/2 taza de azúcar de caña evaporada
- 2 cucharaditas de extracto de vainilla
- 1-1/2 tazas de zanahorias finamente ralladas (alrededor de 2 zanahorias medianas-grandes)
- 1/3 taza de coco tostado y rallado (opcional)
- 1/3 taza de nueces trituradas (opcional)

Direcciones

a) Precaliente el horno a 350°F. Cubra dos bandejas para hornear con papel pergamino.

b) En un tazón pequeño, combine la harina, el polvo de hornear, la canela, el jengibre, la nuez moscada y la sal.

En un tazón grande, mezcle la margarina, el azúcar moreno, el azúcar de caña y la vainilla. Agregue los ingredientes secos a los húmedos en lotes hasta que estén suaves, luego incorpore las zanahorias ralladas, el coco y las nueces, si las usa.

c) Usando un gotero para galletas o una cuchara, deje caer cucharadas colmadas de masa en las bandejas para hornear preparadas con una separación de aproximadamente 2 pulgadas. Presione suavemente cada galleta hacia abajo ligeramente.

d) Hornee durante 9 a 11 minutos, o hasta que los bordes estén ligeramente dorados. Retire del horno y deje enfriar en la bandeja para hornear durante 5 minutos, luego retire para enfriar sobre una rejilla. Deja que las galletas se enfríen por completo. Almacenar en un recipiente hermético

87. Helado De Nuez De Jengibre

Rinde: 1 cuarto

- 2 tazas de leche no láctea (alta en grasa, como soya o cáñamo)
- 3/4 taza de azúcar de caña evaporada
- 1 cucharadita de jengibre molido
- 1 cucharadita de extracto de vainilla
- 1-1/2 tazas de anacardos crudos
- 1/16 cucharadita de goma guar
- 1/3 taza de jengibre confitado finamente picado

Direcciones

a) En una cacerola grande, mezcle la leche y el azúcar. A fuego medio, hierva la mezcla, revolviendo con frecuencia. Una vez que hierva, baja el fuego a medio-bajo y bate constantemente hasta que el azúcar se disuelva, unos 5 minutos. Retire del fuego, agregue el jengibre y la vainilla, y mezcle para combinar.

b) Coloque los anacardos en el fondo de un recipiente resistente al calor y vierta la mezcla de leche caliente sobre ellos. Deja que se enfríe por completo. Una vez enfriado, transfiera la mezcla a un procesador de alimentos o licuadora de alta velocidad y procese hasta que quede suave, deteniéndose para raspar los lados según sea necesario. Hacia el final de su procesamiento, espolvoree la goma guar y asegúrese de que esté bien incorporada.

c) Vierta la mezcla en el tazón de una máquina para hacer helados de 1-1/2 o 2 cuartos y procese de acuerdo con las instrucciones del fabricante. Una vez que el helado esté listo, mezcle suavemente con el jengibre confitado. Guarde en un recipiente hermético en el congelador durante al menos 2 horas antes de armar los sándwiches.

Para hacer los sándwiches

d) Deje que el helado se ablande un poco para que sea fácil de sacar. Coloque la mitad de las galletas, con la base hacia arriba, sobre una superficie limpia. Coloque una bola generosa de helado, aproximadamente 1/3 de taza, encima de cada galleta. Cubra el helado con las galletas restantes, con los fondos de las galletas tocando el helado.

e) Presione suavemente las galletas para nivelarlas. Envuelva cada sándwich con film transparente o papel encerado y regréselo al congelador durante al menos 30 minutos antes de servir.

88. Sándwich de galleta de chocolate y vainilla

Ingredientes

- 1/3 taza de margarina no láctea, a temperatura ambiente
- 2/3 taza de azúcar de caña evaporada
- 2 cucharadas de leche vegetal
- 1/4 cucharadita de vinagre suave
- 1 cucharadita de extracto de vainilla
- 3/4 taza de harina para todo uso sin blanquear
- 1/3 taza de cacao para hornear sin azúcar, tamizado
- 1/2 cucharadita de polvo de hornear
- 1/8 cucharadita de sal

Direcciones

a) Precaliente el horno a 375°F. Cubra una bandeja para hornear con papel pergamino.
b) En un tazón mediano, mezcle la margarina y el azúcar. Agregue la leche, el vinagre y la vainilla. En un tazón pequeño, combine la harina, el cacao, el polvo de hornear y la sal. Agregue los ingredientes secos a los húmedos y mezcle bien.
c) Voltee sobre la bandeja para hornear preparada. Coloque una hoja de papel encerado sobre la masa y extiéndala en un cuadrado de aproximadamente 1/4 de pulgada de grosor. Retire el papel encerado y hornee de 10 a 12 minutos, hasta que los bordes estén firmes y esté

ligeramente hinchado. Parecerá suave y no completamente horneado, pero lo es.

d) Retire del horno y deje enfriar durante unos 15 minutos en la bandeja para hornear sobre una rejilla. Con cuidado corta las galletas en la forma deseada. Puede usar un cortador de vidrio o galletas para hacerlos redondos, o maximizar la masa cortándolos en cuadrados de tamaño uniforme.

e) Retire las galletas de la hoja y deje que terminen de enfriarse en la rejilla.

89. Sándwich de helado de soja y vainilla

Rinde: 1-1/4 cuartos

Ingredientes

- 3/4 taza de azúcar de caña evaporada
- 1 cucharada más 2 cucharaditas de almidón de tapioca
- 2-1/2 tazas de leche de soya o cáñamo (con toda la grasa)
- 1 cucharadita de aceite de coco
- 2 cucharaditas de extracto de vainilla

Direcciones

a) En una cacerola grande, combine el azúcar y el almidón de tapioca y mezcle hasta que se incorporen. Vierta la leche, batiendo para incorporar.

b) A fuego medio, hierva la mezcla, revolviendo con frecuencia. Una vez que hierva, baje el fuego a medio-bajo y bata constantemente hasta que la mezcla espese y cubra el dorso de una cuchara, aproximadamente 5 minutos. Retire del fuego, agregue el aceite de coco y la vainilla, y mezcle para combinar.

c) Transfiera la mezcla a un recipiente resistente al calor y deje que se enfríe por completo.

d) Vierta la mezcla en el tazón de una máquina para hacer helados de 1-1/2 o 2 cuartos y procese de acuerdo con las instrucciones del fabricante. Guarde en un recipiente hermético en el congelador durante al menos 2 horas antes de armar los sándwiches.

Para hacer los sándwiches

e) Deje que el helado se ablande un poco para que sea fácil de sacar. Coloque la mitad de las galletas, con la base hacia arriba, sobre una superficie limpia. Coloque una bola generosa de helado, aproximadamente 1/3 de taza, encima de cada galleta.

f) Cubra el helado con las galletas restantes, con los fondos de las galletas tocando el helado. Presione suavemente las galletas para nivelarlas.

g) Envuelva cada sándwich en papel plástico o papel encerado y regréselo al congelador durante al menos 30 minutos antes de servir.

90.   Sándwiches de helado de rayos X

Rinde: 12 a 16 sándwiches

Ingredientes

- 2 tazas de harina para todo uso sin blanquear
- 1 cucharadita de bicarbonato de sodio
- 1/4 cucharadita de sal
- 1 taza de margarina no láctea, a temperatura ambiente
- 1/2 taza de azúcar morena envasada
- 1/2 taza de azúcar de caña evaporada
- 1 cucharadita de maicena
- 2 cucharadas de leche vegetal
- 1-1/2 cucharaditas de extracto de vainilla

Direcciones

a) Precaliente el horno a 350°F. Cubra dos bandejas para hornear con papel pergamino.

b) En un tazón pequeño, combine la harina, el bicarbonato de sodio y la sal. En un tazón grande, mezcle la margarina, el azúcar moreno y el azúcar de caña. Disuelva la maicena en la leche en un tazón pequeño y agregue a la mezcla de margarina junto con la vainilla. Agregue los ingredientes secos a los húmedos en lotes y mezcle hasta que quede suave.

c) Usando un gotero para galletas o una cuchara, deje caer cucharadas colmadas de masa en las bandejas para hornear preparadas con una separación de aproximadamente 2 pulgadas. Hornee durante 8 a 10 minutos, o hasta que los bordes estén ligeramente dorados.

d) Retire del horno y deje enfriar en la fuente durante 5 minutos, luego retire para enfriar sobre una rejilla. Deja que las galletas se enfríen por completo. Almacenar en un recipiente hermético.

91.   Helado De Soja De Chocolate

Rinde: 1-1/4 cuartos

Ingredientes

- 3/4 taza de azúcar de caña evaporada
- 1/3 taza de cacao para hornear sin azúcar, tamizado
- 1 cucharada de almidón de tapioca
- 2-1/2 tazas de leche de soya o cáñamo (con toda la grasa)
- 2 cucharaditas de aceite de coco
- 2 cucharaditas de extracto de vainilla

Direcciones

a) En una cacerola grande, combine el azúcar, el cacao y el almidón de tapioca, y mezcle hasta que el cacao y el almidón se incorporen al azúcar. Vierta la leche, batiendo para incorporar. A fuego medio, hierva la mezcla, revolviendo con frecuencia.

b) Una vez que hierva, baje el fuego a medio-bajo y bata constantemente hasta que la mezcla espese y cubra el dorso de una cuchara, aproximadamente 5 minutos. Retire del fuego, agregue el aceite de coco y la vainilla, y mezcle para combinar.

c) Transfiera la mezcla a un recipiente resistente al calor y deje que se enfríe por completo.

d) Vierta la mezcla en el tazón de una máquina para hacer helados de 1-1/2 o 2 cuartos y procese de acuerdo con las instrucciones del fabricante. Guarde en un recipiente hermético en el congelador durante al menos 2 horas antes de armar los sándwiches.

e) Deje que el helado se ablande un poco para que sea fácil de sacar. Coloque la mitad de las galletas, con la base hacia arriba, sobre una superficie limpia. Coloque una bola generosa de helado, aproximadamente 1/3 de taza, encima de cada galleta. Cubra el helado con las galletas restantes, con los fondos de las galletas tocando el helado.

f) Presione suavemente las galletas para nivelarlas. Envuelva cada sándwich en una envoltura de plástico o papel encerado y vuelva a colocarlo en el congelador durante al menos 30 minutos antes de servir.

92. Sándwiches de chocolate doble

Rinde: 12 a 16 sándwiches

Ingredientes

- 1 taza de harina para todo uso sin blanquear
- 1/2 taza de cacao para hornear sin azúcar, tamizado
- 1/2 cucharadita de bicarbonato de sodio
- 1/4 cucharadita de sal
- 1/4 taza de chispas de chocolate sin lácteos, derretidas
- 1/2 taza de margarina no láctea, suavizada
- 1 taza de azúcar de caña evaporada
- 1 cucharadita de extracto de vainilla

Direcciones

a) Precaliente el horno a 325°F. Cubra dos bandejas para hornear con papel pergamino.
b) En un tazón mediano, combine la harina, el cacao en polvo, el bicarbonato de sodio y la sal. En un tazón grande, con una batidora manual eléctrica, mezcle las chispas de chocolate derretidas, la margarina, el azúcar y la vainilla hasta que estén bien combinados. Agregue los ingredientes secos a los húmedos en lotes hasta que estén completamente incorporados.
c) Saque pequeñas bolas de masa, aproximadamente del tamaño de una canica grande (aproximadamente 2 cucharaditas) en las bandejas para hornear preparadas con una separación de aproximadamente 2 pulgadas. Engrase ligeramente la parte posterior de una cucharada

y presione suave y uniformemente hacia abajo cada galleta hasta que quede aplastada y mida aproximadamente 1-1/2 pulgadas de ancho. Hornee por 12 minutos, o hasta que los bordes estén firmes. Si está horneando ambas bandejas al mismo tiempo, gírelas a la mitad.

d) Después de sacarlas del horno, deje que las galletas se enfríen en la bandeja durante 5 minutos, luego transfiéralas a una rejilla. Deja que las galletas se enfríen por completo. Almacenar en un recipiente hermético

93.　Sándwich de helado de coco y chocolate

Rinde: 1 cuarto

Ingredientes

- 3/4 taza de azúcar de caña evaporada
- 1/3 taza de cacao para hornear sin azúcar, tamizado
- 1 lata (13.5 onzas) de leche de coco entera (no light)
- 1 taza de leche vegetal
- 1 cucharadita de extracto de vainilla

Direcciones

a) En una cacerola grande, combine el azúcar y el cacao, y mezcle hasta que el cacao se incorpore al azúcar. Vierta la leche de coco y la otra leche no láctea, batiendo para incorporar. A fuego medio, hierva la mezcla, revolviendo con frecuencia. Una vez que hierva, baja el fuego a medio-bajo y bate constantemente hasta que el azúcar se disuelva, unos 5 minutos. Retire del fuego y agregue la vainilla, batiendo para combinar.

b) Transfiera la mezcla a un recipiente resistente al calor y deje que se enfríe por completo.

c) Vierta la mezcla en el tazón de una máquina para hacer helados de 1-1/2 o 2 cuartos y procese de acuerdo con las instrucciones del fabricante. Guarde en un recipiente hermético en el congelador durante al menos 2 horas antes de armar los sándwiches.

d) Deje que el helado se ablande un poco para que sea fácil de sacar. Coloque la mitad de las galletas, con la base hacia arriba, sobre una superficie limpia. Coloque una bola generosa de helado, aproximadamente 1/3 de taza, encima de cada galleta. Cubra el helado con las galletas restantes, con los fondos de las galletas tocando el helado.

e) Presione suavemente las galletas para nivelarlas. Envuelva cada sándwich en papel plástico o papel encerado y regréselo al congelador durante al menos 30 minutos antes de servir.

94. Plátanos de chocolate congelados

Ingredientes

- 4 plátanos pequeños firmes pero maduros
- 6 onzas. chocolate con leche, partido en trozos
- 6 cucharadas de crema espesa
- 4 cucharadas de jugo de naranja

Direcciones

a) Congela los plátanos con su piel durante unas 2 horas.

b) Derrita el chocolate en una cacerola pequeña con la crema y el jugo de naranja, revolviendo ocasionalmente hasta que se derrita y quede suave. Verter en un recipiente frío y dejar hasta que comience a espesar y enfriar. No dejes que se enfríe demasiado, de lo contrario no se cubrirá fácilmente.

c) Saque los plátanos del congelador y quíteles la piel cuidadosamente. Sumerja cada plátano en el chocolate para cubrirlo bien y luego retírelo con uno o dos pinchos largos de madera. Sostén el plátano sobre el tazón mientras gotea el exceso de chocolate. Luego coloca el plátano sobre papel encerado hasta que cuaje el chocolate. Cortar en 2 o 3 piezas y volver al congelador hasta el momento de servir.

d) Inserte un palito de paleta en cada pieza para servir, si lo desea.
e) Estos plátanos no se conservan bien y deben comerse el mismo día que se hacen.

95. Sándwich de galleta con helado

Ingredientes

- 12 galletas de chocolate
- 2 tazas de helado de vainilla (u otro sabor), suavizado

Direcciones

a) Coloque las galletas en una bandeja en el congelador.

b) Extienda el helado ablandado en una bandeja o recipiente plano hasta que tenga un grosor de aproximadamente 1/2 pulgada y vuelva a congelar. Cuando vuelva a estar firme, pero no duro, corta 6 círculos de helado para que quepan las galletas. Transfiera con cuidado el helado de la sartén a 6 galletas.

c) Cubra con una segunda galleta. Presione hacia abajo para sellar bien y congele hasta que esté listo para comer. Si están bien congelados, sácalos del congelador de 10 a 15 minutos antes de que quieras comerlos, de lo contrario, estarán muy duros.

d) Comer dentro de un par de días.

Para 6

SNICKERDOODLE

96. Snickerdoodles de harina de maíz

Rendimiento: 4 porciones

Ingredientes

- 1 taza de mantequilla sin sal en la habitación
- Temperatura
- ⅓ taza de miel
- ⅓ taza de azúcar
- 2 huevos grandes a temperatura ambiente
- Ralladura finamente rallada de 1
- Limón
- ½ cucharadita de vainilla
- 1½ taza de harina
- 1 taza de harina de maíz amarillo
- 1 cucharadita de polvo de hornear
- ½ cucharadita de sal
- Azúcar para rebozar las galletas

Direcciones

a) Batir la mantequilla, la miel y el azúcar juntos. Batir los huevos y agregar la ralladura de limón y la vainilla. En un recipiente aparte combine la harina, la harina de maíz, el polvo para hornear y la sal.

b) Revuelva los ingredientes secos en la mezcla cremosa en 2 etapas hasta que se mezclen uniformemente. Cubra y refrigere la masa durante 3 horas.

c) Se puede refrigerar durante la noche. Precaliente el horno a 375 y engrase las bandejas para hornear galletas. Forme la masa en bolas de $1\frac{1}{4}$ de pulgada. Enrolle las bolas en azúcar y colóquelas en láminas separadas aproximadamente 2 pulgadas.

d) Hornee durante 15 minutos hasta que la parte superior esté ligeramente resistente a la presión suave de los dedos.

e) Enfriar sobre una rejilla.

97. Snickerdoodles bajos en grasa

Rendimiento: 1 raciones

Ingredientes

- $1\frac{1}{2}$ taza de azúcar
- $\frac{1}{2}$ taza de margarina
- 1 cucharadita de vainilla
- $\frac{1}{2}$ taza de sustituto de huevo
- $2\frac{3}{4}$ taza de harina
- 1 cucharadita de cremor tártaro
- $\frac{1}{2}$ cucharadita de bicarbonato de sodio
- $\frac{1}{4}$ de cucharadita de sal
- 2 cucharadas de azúcar
- 2 cucharaditas de canela

Direcciones

a) Batir $1\frac{1}{2}$ tazas de azúcar y margarina hasta que esté suave. Batir la vainilla y el sustituto de huevo. Agregue la harina, la crema de tártaro, la soda y la sal. Enfríe la masa aproximadamente de 1 a 2 horas.

b) Combine 2 cucharadas de azúcar y canela. Forme la masa en 48 bolas de 1 pulgada. Pasar por la mezcla de azúcar y canela.

c) Coloque las bolas en bandejas para hornear galletas que hayan sido rociadas con Pam.

d) Hornee a 400 durante 8 a 10 minutos. Enfriar sobre rejillas de alambre.

98. Snickerdoodles de trigo integral

Rendimiento: 60 porciones

Ingredientes

- 1½ taza de azúcar
- 1 taza de mantequilla, ablandada
- 1 huevo más
- 1 clara de huevo
- 1½ taza de harina de trigo integral
- 1¼ taza de harina para todo uso
- 1 cucharadita de bicarbonato de sodio
- ¼ de cucharadita de sal
- 2 cucharadas de azúcar
- 2 cucharaditas de canela molida

Direcciones

a) En un tazón, mezcle el azúcar y la mantequilla hasta que quede esponjoso. Agrega el huevo y la clara de huevo; Golpea bien. Combine los ingredientes secos; agregar a la mezcla cremosa y batir bien. En un tazón pequeño, combine los ingredientes de cobertura.

b) Forme la masa en bolas del tamaño de una nuez; rebozar en canela-azúcar.

c) Coloque 2 en aparte en bandejas para hornear sin engrasar. Hornee a 400 durante 8-10 minutos.

d) Las galletas se hinchan y aplanan bien mientras se hornean.

99. Snickerdoodles de ponche de huevo

Rendimiento: 48 porciones

Ingredientes

- 2¾ taza de harina para todo uso
- 2 cucharaditas de cremor tártaro
- 1½ taza de azúcar
- 1 cucharadita de bicarbonato de sodio
- 1 taza de mantequilla ablandada
- ¼ de cucharadita de sal
- 2 huevos
- ½ cucharadita de extracto de Brandy
- ½ cucharadita de extracto de ron

Mezcla de azúcar

- ¼ taza de Azúcar o azúcar de colores
- 1 cucharadita de nuez moscada

Direcciones

a) Precaliente el horno: 400 en 3-qt. el tazón de la batidora combine todos los ingredientes de las galletas.

b) Bate a baja velocidad, raspando los lados del tazón con frecuencia, hasta que esté bien mezclado (2 a 4 min.).

c) En un tazón pequeño combine la mezcla de azúcar; revuelva para mezclar. Forme una cucharadita redondeada de masa en bolas de 1"; enrolle en la mezcla de azúcar.

d) Colócalas con una separación de 2" sobre bandejas para hornear galletas sin engrasar. Hornéalas cerca del centro de un horno de 400 por 8 a 10 minutos o hasta que los bordes estén ligeramente dorados.

100. Snickerdoodles de chocolate

Rendimiento: 1 Porciones

Ingredientes

- 2¼ taza de azúcar
- 2 cucharaditas de especias para pastel de calabaza
- ½ taza de cacao en polvo
- 1 taza de mantequilla, ablandada
- 2 huevos
- 2 cucharaditas de extracto de vainilla
- 2¼ taza de harina
- 1½ cucharadita de polvo de hornear

Direcciones

a) En un tazón grande para mezclar, mezcle el azúcar y las especias; coloque ½ taza de la mezcla a un lado en un recipiente poco profundo.

b) Agrega el cacao en polvo al tazón de la batidora; revuelva para mezclar. Agrega la mantequilla; batir a velocidad media hasta que quede esponjoso.

c) Mezcle los huevos y la vainilla. Agregue la harina y el polvo de hornear.

d) Forme una bola con la masa y pásela por la mezcla de azúcar reservada.

e) Repita el procedimiento con la masa restante y coloque 2 pulgadas de distancia en bandejas para hornear engrasadas.

f) Hornee a 350 grados durante 12-15 minutos o hasta que los bordes estén firmes. Enfriar sobre una rejilla.

g) Hace alrededor de 4-$\frac{1}{2}$ docenas de galletas.

CONCLUSIÓN

¿Quién no ama una galleta? Solo piense: sin hornos, no tendríamos estas delicias. De hecho, la galleta se inventó en los días anteriores a los termostatos, como una prueba para ver si los hornos primitivos tenían la temperatura adecuada para hornear pasteles. En lugar de arruinar un pastel completo, primero se probó un "pequeño pastel" o galleta. En ese momento, nadie pensó que el "pastel de prueba" se convertiría en una delicia con sus propios encantos.

Las galletas son tortas pequeñas, dulces, planas y secas, para comer con los dedos en una sola porción. Por lo general, son a base de harina, pero pueden ser sin harina, hechos de claras de huevo y / o almendras como macarrones, por ejemplo, o hechos de harina sin gluten, como harina de arroz. Las galletas pueden ser blandas, masticables o crujientes. Pueden ser grandes o pequeños, sencillos o elegantes. Pueden ser simples (mantequilla y azúcar) o complejos, con una multitud de ingredientes, o en forma de sándwiches de galleta, dos capas y relleno. Pero comenzaron hace mucho tiempo, no como una golosina o un alimento reconfortante, ¡sino como un regulador del horno!

www.ingramcontent.com/pod-product-compliance
Lightning Source LLC
Chambersburg PA
CBHW070651120526
44590CB00013BA/909